La fabuleuse découverte de

LA TOMBE DE TOUTANKHAMON

HOWARD CARTER

La fabuleuse découverte de

LA TOMBE DE TOUTANKHAMON

Pygmalion
Gérard Watelet
Paris

Titre original :
THE TOMB OF TUTANKHAMEN
Traduit de l'anglais par Martine Wiznitzer

ISBN 2-85704-311-2

AVERTISSEMENT

Nombreux sont les lecteurs qui connaissent l'ouvrage de Christiane Desroches Noblecourt, « Toutankhamon, vie et mort d'un pharaon[1] *». Ce livre, magnifiquement illustré en couleurs, et dont le mérite essentiel est de présenter non seulement une remarquable reconstitution de la vie et du règne du grand roi, mais d'offrir aussi un incomparable inventaire des trésors d'art mis à jour par Carter, fait aujourd'hui autorité dans le monde de l'archéologie.*

En revanche, et inexplicablement, les mémoires du véritable auteur de cette découverte capitale n'avaient jamais été publiés dans notre pays. C'est pour combler cette surprenante lacune, que nous nous sommes attachés à proposer ici le récit, inédit en France, de cette extraordinaire aventure, écrit par celui qui, il y a plus de cinquante années, la vécut « en direct ».

Dans leur édition originale anglaise ces souvenirs d'Howard Carter comportaient trois volumes. Mais seul le premier tome et un chapitre du deuxième évoquant

1. Editions Pygmalion.

l'ultime ouverture du sarcophage royal, relataient les différentes péripéties historiques et pratiques de la découverte. Ils répondaient donc pleinement à notre propos. Ce sont ces pages que nous avons décidé de publier, nous abstenant volontairement de reproduire les deuxième et troisième tomes essentiellement consacrés à la description des objets. Ce sujet, nous venons de le dire, a été magistralement et définitivement traité par Christiane Desroches Noblecourt. Son livre, à cet égard, demeure inégalé.

Différent et complémentaire à la fois nous apparaît le passionnant récit de Howard Carter. Authentique témoignage d'un homme ayant vécu en personne l'événement, il restitue avec une émotion intense les moments les plus exaltants de l'aventure. Rapporté de la manière la plus vivante, il permet au lecteur de participer directement à chacune des phases de la prodigieuse « résurrection » de Toutankhamon — résurrection qui, sans Carter, n'aurait peut-être jamais eu lieu.

LES EDITEURS.

Avec l'adhésion totale de mon collaborateur, M. Mace, je dédie ce récit de la découverte de la tombe de Toutankhamon à la mémoire de mon très estimé ami et collègue,

LORD CARNARVON

mort à l'heure de son triomphe.

Sans sa générosité inlassable et ses constants encouragements, nos travaux n'auraient jamais pu être couronnés de succès. Son entendement de l'art ancien a rarement été égalé. L'histoire honorera éternellement les efforts qu'il a déployés pour enrichir nos connaissances de l'égyptologie. Quant à moi, je chéris à jamais sa mémoire.

H. C.

1

LE ROI ET LA REINE

Toutankhamon ! Le monde entier connaît à présent le nom de ce jeune pharaon. Pourtant, que savons-nous de lui? Il était le gendre de ce souverain égyptien qui a fait couler tant d'encre et dont on a probablement surestimé l'importance, le roi hérétique Akhénaton. Mais, en ce qui concerne sa parenté directe, nous en sommes réduits aux hypothèses. Peut-être était-il de sang royal et avait-il ainsi certains droits au trône. Peut-être n'était-ce qu'un simple roturier. Cela importe peu puisque son mariage avec la fille d'un roi en faisait automatiquement, selon les lois de succession égyptienne, l'héritier présomptif du royaume d'Egypte. Position particulièrement délicate à cette époque de l'histoire du pays.

A l'extérieur, l'Empire, fondé au XVᵉ siècle avant notre ère par Thoutmosis III et préservé avec difficultés par les monarques successifs, s'était rétréci comme une peau de chagrin. A l'intérieur, le mécontentement grondait. Les prêtres de l'ancien culte, qui voyaient leurs dieux méprisés et leur propre existence compromise, n'attendaient que le moment propice pour rétablir leur autorité. L'armée, mortifiée d'être condamnée à l'inaction, était prête à se lancer dans n'importe quelle aventure. Le harem, qui regroupait les étrangères introduites en grand nombre à la cour depuis les guerres de conquête, était devenu un véritable ferment d'intrigues. Les commerçants et les marchands, devant le déclin du commerce avec l'étranger et la restriction des débouchés sur le marché intérieur, étaient d'humeur morose. Le peuple, refusant le changement, s'affligeait de la perte de ses anciens dieux et attribuait le moindre de ses malheurs à l'intervention jalouse de ces divinités offensées. Il commençait lentement à sortir de sa stupeur pour se révolter ouvertement contre ce nouveau ciel et cette nouvelle terre qu'on lui avait imposés. Et, pendant ce temps-là, Akhénaton poursuivait son rêve à Tell el-Amarna.

Le problème de la succession au trône revêtait donc une importance cruciale, et les intrigues allaient bon train. Comme il n'y avait pas d'héritier mâle, l'intérêt se concentrait sur un groupe de fillettes, dont l'aînée ne devait guère avoir plus de quinze ans à la mort de son père. Si jeune soit-elle, cette princesse, qui portait le nom de Méritaton, devait être mariée depuis quelque temps déjà, car, durant les deux dernières années du règne d'Akhénaton, nous trouvons son mari associé à la régence du royaume. Vaine tentative pour éviter la crise que même Akhénaton, ce rêveur invétéré, devait avoir pressentie. Méritaton ne goûta pas longtemps au pouvoir, son époux, Smenkhérê, étant mort peu après Akhénaton. Il est même possible, comme un certain nombre d'objets trouvés dans cette tombe l'attestent, qu'il soit mort avant lui, sans doute assassiné par une faction rivale. Quoi qu'il en soit, il disparut de la scène, et sa femme avec lui. La succession était ouverte.

La seconde fille, Makétaton, était morte très jeune, sous le règne d'Akhénaton. La troisième, Ankhsenpaaton, avait épousé Toutankhaton — c'était son nom à ce moment-là — le Toutankhamon que nous connaissons. Cette union avait-elle eu lieu du vivant d'Akhénaton ? Avait-elle été hâtivement conclue tout de suite après sa mort pour assurer la succession ? Nous ne le savons pas de façon certaine. Les jeunes souverains, en tout cas, étaient encore des enfants. Ankhsenpaaton, née dans la huitième année du règne de son père, ne pouvait donc avoir plus de dix ans. Et nos dernières découvertes nous font penser que Toutankhamon n'était alors lui-même qu'un garçonnet. Toujours est-il que, durant les premières années du règne de ces deux enfants, le pouvoir dut être exercé par « une autorité compétente » et nous pouvons, sans trop nous tromper, mettre un nom sur ce personnage. Dans tous les pays du monde, en cas de succession douteuse ou fragile, il convient de prêter attention aux mouvements du dignitaire le plus puissant de la cour. En l'occurrence, c'était incontestablement Ay, le grand prêtre, qui cumulait toutes les fonctions importantes. Ay était un ami personnel d'Akhénaton, et sa femme, Ti, était la nourrice de la reine Néfertiti. Rien de ce qui se passait dans le palais ne leur échappait. Ay montera d'ailleurs sur le trône après la mort de Toutankhamon. La présence de son cartouche dans la chambre funéraire de la tombe nouvellement découverte, nous apprend d'autre part que c'est lui qui a présidé aux cérémonies funéraires de Toutankhamon, même s'il n'a pas personnellement procédé à la construction de la sépulture. C'est un fait sans précédent dans la Vallée des Rois, de trouver le nom du successeur sur les murs du monument funéraire d'un roi. Cela semble indiquer l'existence d'une relation spéciale entre les deux personnages et l'on peut avancer sans grand risque que Ay avait été en grande partie responsable du couronnement du jeune roi. Il est fort possible qu'il ait déjà convoité le trône à cette époque, mais que, ne se sentant pas assez sûr de lui, il ait préféré attendre et profiter des nombreuses occasions que lui procurait sa qualité de conseiller pour consolider sa position. Quand on sait que Ay fut lui-même supplanté par un autre grand dignitaire de la cour d'Akhénaton, le général Horemheb, alors qu'aucun des deux ne pouvait légitimement prétendre à la couronne, on peut admettre que cette courte période de l'histoire (de 1375 à 1350 avant J.-C.) fut particulièrement fertile en coups de théâtre.

Mais tenons-nous en aux faits. Que savons-nous vraiment de ce Toutankhamon qui nous est aujourd'hui si étrangement familier ? Presque rien quand on y réfléchit. Dans l'état actuel de nos connaissances, on ne peut rien affirmer avec certitude si ce n'est qu'il est mort et qu'il fut enterré ! De l'homme lui-même — s'il parvint jamais à l'état d'adulte — et de sa personnalité, nous ignorons tout. Quant aux événements qui se déroulèrent sous son court règne, les monuments ne nous ne donnent qu'un aperçu succinct. Nous savons, par exemple, qu'à un moment de son règne, il abandonna la capitale hérétique de son beau-père pour rétablir la cour à Thèbes. De même, il a commencé par vénérer Aton pour remettre en vigueur par la suite le culte d'Amon, puisqu'il prend le nom de Toutankhamon et qu'il procède à la restauration des temples consacrés aux anciens dieux thébains. Il y a, au Musée du Caire, une stèle qui se dressait à l'origine dans l'un des temples de Karnak. Le jeune pharaon y parle de ces restaurations dans un style quelque peu grandiloquent. « J'ai trouvé, dit-il, les temples en ruine, les naos brisés et les cours envahies par les herbes. J'ai restauré les sanctuaires, j'ai reconstruit les temples et je les ai dotés de toutes sortes de trésors. J'ai fait dresser, pour honorer les dieux, des statues en or et en électrum, décorées de lapis-lazuli et de pierres fines.[1] » Nous ignorons à quelle période exacte de son règne ce changement eut lieu, et s'il était dû à des sentiments personnels ou dicté par des raisons politiques. Nous savons par contre, d'après les scènes ornant la tombe d'un de ses dignitaires, que certaines tribus vassales de Syrie et du Soudan lui apportèrent des offrandes, et plusieurs représentations nous le montrent en train de piétiner des adversaires ou de les exterminer par centaines du haut de son char. Il ne faut pas en déduire qu'il a pris lui-même les armes. Il était en effet d'usage d'honorer les souverains égyptiens en leur attribuant les victoires de leurs généraux.

Voilà à peu près tout ce que les monuments nous disent sur la vie de Toutankhamon. Sa tombe, jusque-là, ne nous en a guère appris davantage. Nous procédons à un inventaire détaillé de ce qu'il possédait, mais nous en sommes toujours à nous demander qui il était et ce qu'il a fait. Rien ne nous indique encore la durée exacte de son règne. Nous savons qu'il a régné au moins six ans ; au-delà de ce chiffre, rien n'est certain. Espérons que les autres chambres de la sépulture seront plus explicites. Son corps, s'il repose toujours dans la chambre funéraire, nous apprendra à quel âge il mourut et nous fournira peut-être des indications quant aux circonstances de cette mort.

Un mot sur sa femme, Ankhsenpaaton, qui prit le nom d'Ankhsenamon après la restauration du culte thébain.

---

1. Cette stèle dont nous avons traduit ici certains passages, fut usurpée par Horemheb, comme presque tous les monuments de Toutankhamon.

Si, comme on le suppose, c'est grâce à elle que Toutankhamon hérita du trône, son importance est considérable. La preuve en est la fréquence avec laquelle son nom et son image sont évoqués sur le mobilier funéraire de son époux. Silhouette gracieuse — à moins que les artistes ne l'aient embellie — elle est représentée, au côté du souverain, dans le plus pur style amarnien. Deux scènes sont particulièrement délicieuses. Dans l'une, qui orne le dossier du trône, elle semble mettre un onguent sur la collerette de son époux ; dans la seconde, elle est assise à ses pieds, au cours d'une partie de chasse, et lui tend une flèche d'une main tandis que, de l'autre, elle lui désigne un canard. Scènes charmantes, mais aussi pathétiques, quand on se rappelle qu'elle fut veuve à dix-sept ou dix-huit ans. Mais il faut préciser qu'il existe une suite à cette histoire, que nous content des tablettes trouvées il y a quelques années à Bogazkoy et récemment déchiffrées. Elles brossent de la reine Ankhsenamon un portrait plus précis.

C'était, semble-t-il, une femme de caractère. L'idée de se retirer en faveur d'une nouvelle reine ne lui souriait nullement, et aussitôt après la mort de son époux, elle prit ses dispositions. Elle disposait de deux mois pour mener à bien ses projets : c'est-à-dire le temps qui séparait la mort de Toutankhamon de la cérémonie funéraire. Il est peu probable, en effet, que le nouveau roi soit entré en fonctions avant l'inhumation de l'ancien. Or, depuis deux ou trois générations, il y avait eu de nombreux mariages entre les maisons royales d'Egypte et d'Asie. L'une des sœurs d'Ankhsenamon était mariée dans une cour étrangère et nombre d'égyptologues pensent que sa propre mère était une princesse asiatique. Il n'est donc pas surprenant qu'elle se soit tournée vers l'étranger pour chercher de l'aide. C'est ainsi que nous la trouvons en train d'écrire au roi des Hittites la lettre suivante : « Mon mari est mort et l'on me dit que tes fils sont adultes. Envoie-moi l'un d'entre eux, j'en ferai mon époux et il régnera sur l'Egypte. »

Le calcul était bon. Il n'y avait pas de véritable héritier au trône d'Egypte, et l'arrivée rapide d'un prince hittite, soutenu par une petite armée, aurait sans doute résolu le problème. La rapidité cependant, était l'élément essentiel dans la réussite de ce projet et la reine n'avait pas compté sur la réaction du roi hittite. Il n'était aucunement dans les intentions de ce dernier de se précipiter. Il ne pouvait être question de se lancer dans une telle aventure sans en délibérer. En outre, comment être certain que cette lettre n'était pas un piège ? Après avoir réuni ses conseillers, il décida d'envoyer un messager en Egypte pour s'assurer de la véracité de l'histoire. « Où se trouve le fils du roi défunt, écrit-il dans sa réponse, visiblement ravi de sa ruse, et qu'est-il advenu de lui ? »

Il fallait alors deux bonnes semaines pour se rendre d'un pays à l'autre. On imagine l'émotion de la pauvre reine quand, après un mois d'attente, elle reçut en réponse à sa requête, non pas un prince et un mari, mais une missive futile et dilatoire. En désespoir de cause, elle répondit : « Pourquoi te tromperais-je ? Je n'ai pas de fils et mon mari est mort. Envoie-moi un de tes fils et je le ferai roi. » Le souverain hittite décida alors d'accéder à sa demande et lui envoya un de ses fils. Mais il était trop tard. Le document s'arrête là, laissant le champ libre à notre imagination...

Le prince hittite se rendit-il en Egypte ? Jusqu'où alla-t-il ? Ay, le nouveau pharaon, eut-il vent des desseins de la reine et prit-il des mesures pour qu'ils n'aboutissent pas ? Nous ne le saurons jamais. La reine disparaît de la scène à ce moment-là, et nous n'en entendrons plus jamais parler. Anecdote particulièrement fascinante, car, si le complot avait réussi, le grand Ramsès n'aurait jamais existé.

2

LA VALLÉE ET LA TOMBE

La Vallée des Rois... Comment ce seul nom ne ferait-il pas rêver ! De toutes les merveilles de l'Egypte, il n'en est pas une qui frappe autant l'imagination. Ici, loin des bruits de la vie, dans cette vallée désertique, dominée par la « Cime » comme par une pyramide naturelle, gît une trentaine de rois et parmi eux, le plus grand que l'Egypte ait jamais connu. De ces trente rois, il n'en reste probablement que deux — Amenhotep II, dont on peut voir la momie dans son sarcophage — et Toutankhamon, intact dans son naos d'or. C'est là, quand les exigences de la science auront été satisfaites, que nous voudrions le laisser reposer.

Sur la Vallée elle-même, tout a été dit depuis ces derniers mois. J'aimerais, toutefois, consacrer quelques lignes à son histoire, car elle éclaire les particularités de notre découverte.

Quelque part au bout de la Vallée, à moitié dissimulée par des rochers, se trouve la tombe la moins ostentatoire qui soit. Le plus souvent négligée par les visiteurs, elle est pourtant d'un intérêt capital. D'abord, c'est la première tombe qu'on ait construite dans la Vallée. Mais elle illustre aussi l'application d'une nouvelle théorie dans la construction des hypogées royaux. Il était en effet essentiel pour les Egyptiens que la sépulture soit inviolable, et les premiers rois avaient fait ériger au-dessus de chacune d'elles de véritables montagnes de pierres. Il fallait aussi, pour le bien-être du mort, que la tombe soit de nature à satisfaire le moindre de ses désirs. Pour un monarque oriental aimant le faste et le luxe, on peut imaginer ce que cela impliquait d'or et de trésors ! Mais la somptuosité même du monument causait sa perte, et il ne se passait guère de temps avant que d'habiles voleurs viennent troubler le repos de la momie royale. On chercha alors des expédients : l'entrée — l'endroit le plus exposé de la pyramide — fut bouchée avec des monolithes pesant plusieurs tonnes ; de faux passages furent creusés, des portes secrètes dessinées. On mit en œuvre tout ce que l'ingéniosité pouvait suggérer, tout ce que la richesse pouvait acheter. En vain. A force de patience et de persévérance, le pilleur de tombes parvenait toujours à déjouer les pièges qu'on lui tendait. En outre, le succès de ces artifices, donc la sécurité du monument, dépendait en grande partie de la bonne volonté du maçon qui exécutait le travail et de l'architecte qui dessinait les plans. Or, nous avons la preuve que, au moins dans les tombes privées, il arrivait souvent que le chef des ouvriers laisse à dessein un accès pour les voleurs.

Les efforts réalisés pour assurer la garde du monument royal furent tout aussi inutiles. Chaque pharaon avait beau laisser à sa mort des sommes fabuleuses destinées à entretenir une multitude de gardiens et d'inspecteurs, au bout de quelque temps, ces mêmes inspecteurs, alléchés par le gain, n'hésitaient pas à participer au pillage du monument qu'ils étaient payés pour garder, pendant que l'argent laissé par le souverain défunt était indûment utilisé par ses successeurs à d'autres fins. Au début de la XVIIIe dynastie, il n'y avait pas une seule sépulture royale en Egypte qui n'ait été violée — ce qui posait un réel problème au monarque qui choisissait le site de sa dernière demeure.

Thoutmosis Ier se pencha longuement sur la question, et c'est à ses réflexions que nous devons cette petite tombe solitaire, au fond de la vallée. La discrétion, voilà quelle était la meilleure solution ! Amenhotep Ier, son prédécesseur, avait déjà fait un pas dans cette voie, en choisissant de construire sa tombe à quelque distance de son temple funéraire, au sommet des contreforts de Dra Abou el-Naga. Mais Thoutmosis Ier alla beaucoup plus loin. C'était rompre avec la tradition, et il dut hésiter longtemps avant de prendre sa décision. Sa fierté aussi allait en souffrir, car le goût de l'ostentation était enraciné dans le cœur de chaque souverain égyptien et c'est surtout dans leur tombeau qu'ils avaient l'habitude de l'afficher. Et puis, le nouvel arrangement allait sans doute causer certains inconvénients à sa momie. Les premiers monuments funéraires possédaient toujours, dans leur voisinage immédiat, un temple où l'on célébrait les cérémonies aux différentes fêtes de l'année et où l'on déposait les offrandes quotidiennes. Mais pour que la tombe reste secrète, il fallait consentir certains sacrifices. Et Thoutmosis était bien décidé à échapper au sort de ses prédécesseurs.

La construction de ce tombeau clandestin fut confiée à Ineni, l'architecte en chef de Thoutmosis, qui nous explique, sur les murs de sa chapelle funéraire, qu'il a « supervisé les travaux de la tombe de Sa Majesté, seul, à l'abri de tous les regards, à l'abri de toutes les oreilles ». Mais il omet de parler des ouvriers. Il est bien évident qu'on ne pouvait laisser une centaine d'ouvriers en possession du secret le plus cher du roi vaquer librement à leurs occupations. Ineni a certainement trouvé un moyen efficace pour leur sceller la bouche. Le travail fut probablement effectué par des prisonniers de guerre, qui furent ensuite massacrés.

Malgré toutes ces précautions, le secret ne fut pas gardé très longtemps, car, à l'époque de sa découverte en 1899, il ne restait plus dans la tombe que le lourd sarcophage de pierre. Quant à la momie du roi, nous savons qu'elle fut d'abord transportée dans la tombe de sa fille, Hatchepsout, puis, avec les autres momies royales, à Deir el-Bahari. Thoutmosis avait néanmoins lancé une nouvelle mode, et les monarques de cette dynastie, ainsi que ceux de la XIXe et de la XXe, se firent tous enterrer dans la Vallée.

Pourtant, les rois suivants semblent s'être résignés à l'inévitable, puisqu'ils renouèrent avec l'ancienne tradition des tombes fastueuses. Tous les tombeaux étant désormais situés au même endroit, peut-être ont-ils pensé qu'ils seraient mieux protégés par leurs successeurs, appelés eux aussi à être enterrés dans la nécropole. Si c'est le cas, ils se sont lourdement trompés. A preuve, la tombe de Toutankhamon, violée dix ou quinze ans après sa mort. Nous savons également, d'après des graffiti trouvés dans la tombe de Thoutmosis IV, que ce monarque dut lui aussi subir les outrages des pillards quelques années après sa mort. En effet, le roi Horemheb, dans la huitième année de son règne, donna des instructions à un haut dignitaire du nom de Maya pour « réensevelir le roi Thoutmosis IV dans la Précieuse Habitation ». Il fallait que les voleurs soient bien hardis pour risquer l'aventure ; apparemment, ils étaient aussi pressés et, si l'on en croit certains détails, on peut penser que ceux qui opérèrent dans la tombe de Toutankhamon ont été pris sur le fait. S'il en a bien été ainsi, gageons que leur mort fut lente et ingénieuse.

Que de drames dans cette Vallée !

On peut imaginer les préparatifs fébriles des malfaiteurs, le rendez-vous secret sur les pentes escarpées, les gardes qu'on corrompt ou qu'on drogue, la plongée dans l'obscurité profonde, pour pénétrer à tâtons dans la chambre funéraire, la quête frénétique à la lumière d'une bougie, le retour à l'aube avec le fabuleux butin. Oui, on peut imaginer ces rapines, et l'on sent bien qu'elles étaient inévitables. En entourant sa momie du faste qu'il croyait indispensable à sa dignité, le pharaon contribuait lui-même à sa propre destruction. La tentation était trop forte. Des trésors, dont la richesse surpassait l'imagination étaient là, à la portée de celui qui trouverait les moyens de s'en emparer. Tôt ou tard, la ténacité des brigands l'emportait.

Durant quelques générations, cependant, sous les puissants rois de la XVIIIe et XIXe dynastie, les tombes de la Vallée furent à peu près respectées, le pillage sur une grande échelle étant impossible sans la complicité des fonctionnaires préposés. Mais à la XXe dynastie, il en fut tout autrement. L'autorité royale était chancelante, les hauts dignitaires corrompus, les gardiens enclins à la vénalité et au laxisme, et il semble bien qu'on se livrait régulièrement à de véritables orgies de pillage. Des papyrus datant du règne de Ramsès IX nous renseignent sur les enquêtes menées à l'époque et sur les procès engagés contre les criminels. Ces documents sont extraordinairement significatifs. Outre les informations précieuses qu'ils nous donnent sur les tombes, ils nous fournissent un élément dont les documents égyptiens sont, en général, dépourvus : un climat humain, qui nous permet de pénétrer dans la mentalité d'un groupe de dignitaires thébains vivant trois mille ans plus tôt.

L'histoire comporte trois personnages principaux : Khamoueset, le vizir ou gouverneur du district, Paser, le maire de la rive droite et Paour, le maire de la rive gauche et gardien de la nécropole. Ces deux derniers étaient apparemment en mauvais termes, chacun étant jalousé de l'autre. Paser ne fut donc pas mécontent d'apprendre qu'on pillait sans vergogne les tombes sur la rive gauche. Enfin une occasion de mettre son rival dans l'embarras ! Il se dépêcha de rapporter l'affaire au vizir en lui donnant le nombre exact de tombes violées : dix tombes royales, quatre tombes de prêtresses d'Amon et une longue liste de tombes privées.

Le jour suivant, Khamoueset envoya plusieurs enquêteurs de l'autre côté du fleuve pour vérifier ces accusations. Ils constatèrent que, sur les dix tombes royales, une avait effectivement été violée et que l'on pouvait relever des tentatives d'effraction sur deux autres tombeaux. Sur les quatre tombes des prêtresses d'Amon, deux avaient été pillées, mais les deux autres étaient intactes. Quant aux tombes privées, elles avaient toutes été ouvertes. Paour en profita pour clamer qu'on voulait sa perte, opinion apparemment partagée par le vizir. On admit tranquillement le pillage des tombes privées. C'était sans importance. L'accusation parlait de dix tombes royales, et de quatre tombes de prêtresses ; or, les enquêteurs l'avaient constaté, il ne s'agissait en tout et pour tout que d'une seule tombe royale et de deux tombes de prêtresses. Il était clair que cette affaire n'était qu'un tissu de mensonges ! Et Paour fut acquitté suivant le principe qu'il était impossible de condamner un homme pour un seul méfait quand on l'accusait d'en avoir commis dix...

Pour célébrer son triomphe, Paour rassembla « inspecteurs, administrateurs de la nécropole, ouvriers, soldats et paysans » et les envoya défiler triomphalement sur la rive droite, avec la consigne de se faire entendre avec force en passant devant la maison de Paser. Ce dernier fit d'abord preuve de patience, puis, n'y tenant plus, il prit à partie l'un des officiels de la rive gauche, déclarant qu'il allait porter l'affaire devant le roi lui-même. Fatale erreur, que son rival s'empressa d'exploiter ! Dans une lettre au vizir, il accusa l'infortuné Paser, d'une part de remettre en cause la bonne foi d'une commission nommée par son supérieur direct, d'autre part de passer par-dessus la tête de ce même supérieur pour en référer directement au roi ; procédé contraire à tous les usages, insistait le vertueux Paour... Ce fut la fin de Paser. Le vizir, offensé, convoqua un tribunal qui le condamna pour faux témoignage.

Voilà l'histoire. On peut en trouver les détails dans l'œuvre de Breasted, *Ancient Records of Egypt.* Il est bien évident que le vizir et le maire Paour étaient impliqués dans l'affaire. Leur enquête était une imposture, car un an ou deux après le procès, les dossiers concernant le pillage des tombes continuèrent de s'accumuler dans les archives du tribunal. Et dans l'un d'eux, se trouve mentionnée une tombe figurant sur la liste fournie par Paser.

Les pillards étaient apparemment au nombre de huit. Cinq d'entre eux furent formellement identifiés : le tailleur de pierre Hapi, l'artisan Iramon, le paysan Amenemheb, le porteur d'eau Kemoueset et l'esclave noir Ehenefer. Ce sont eux qui furent, finalement, condamnés pour avoir violé la tombe royale citée dans l'enquête du vizir. Le récit de leur procès est parvenu jusqu'à nous. Les prisonniers, après avoir été frappés, selon la coutume, « avec une corde double sur les pieds et les mains », confessèrent leur crime. Dans le texte que nous possédons, les premières phrases de la confession sont incomplètes, mais on peut supposer qu'elles expliquent le procédé utilisé par les coupables pour creuser un tunnel jusqu'à la chambre funéraire. Le texte ajoute :

« Nous avons ouvert les cercueils et les sarcophages, et nous avons trouvé l'auguste momie du roi... Il portait de nombreuses amulettes et ornements d'or autour du cou ; un masque d'or recouvrait son visage... Les sarcophages étaient d'or et d'argent, incrustés de pierres fines. Nous avons enlevé l'or que nous avons trouvé sur ce dieu, les amulettes et ornements de son cou et le sarcophage où il gisait. A côté du roi, se trouvait son épouse ; nous avons également pris tout ce que nous avons pu trouver sur elle. Puis, nous avons brûlé les sarcophages, et avons dérobé le mobilier déposé à côté d'eux, des vases d'or, d'argent et de bronze. Le butin fut divisé en huit parts [1]. »

Malgré ce procès et d'autres du même type, les choses continuèrent d'aller de mal en pis dans la Vallée. Toujours d'après les dossiers du tribunal, les tombes d'Amenhotep III, de Séthi Ier et de Ramsès II furent violées tour à tour et, à la dynastie suivante, il semble qu'on ait tout simplement renoncé à protéger les tombes. En désespoir de cause, les momies royales furent alors transportées de sépulture en sépulture. Ramsès III, par exemple, fut ré-enseveli trois fois au moins et les momies

1. Breasted, *Ancient Records of Egypt*, vol. IV, par. 538.

d'Ahmos, Amenhotep Ier, Thoutmosis II et de Ramsès-le-Grand lui-même, furent conservées en un lieu tenu secret. Dans le cas de Ramsès, le texte dit : « L'an 17, troisième mois de l'hiver, 6e jour, le roi Ouser-maât-rê-Setepenrê (Ramsès II) a été enterré à nouveau dans la tombe d'Osiris, le roi Menmareseti (I) ; fait par le grand prêtre d'Amon, Païnesem. »

Un règne ou deux plus tard, on transféra Séthi 1er et Ramsès II de ce sanctuaire dans la tombe de la reine Inhâpi. A la même époque, nous trouvons une référence à la tombe que nous avons utilisée cette année comme laboratoire : « Jour où l'on sortit le roi Menpehtirê (Ramsès Ier) de la tombe du roi Menmareseti (II), pour le mettre dans la tombe de Inhâpi, qui se trouve dans la Grande Place, où repose le roi Amenhotep. »

Ce sont donc treize momies royales qui furent ensevelies, à un moment ou à un autre, dans la tombe d'Amenhotep II, où elles finirent par demeurer. Les autres rois furent retirés de leurs différentes cachettes et placés dans une tombe bien dissimulée, creusée dans les collines de Deir el-Bahari. Ce fut leur dernier transfert, car on oublia l'endroit exact du tombeau. Pendant près de trois mille ans, les momies allaient enfin reposer en paix.

Au cours de cette période troublée, pendant les XXe et XXIe dynasties, il n'est pas question de Toutankhamon ni de sa tombe. Elle n'avait pourtant pas échappé aux voleurs, puisque, nous l'avons vu, elle avait été violée quelques années après sa mort. Mais elle n'avait pas été soumise au pillage éhonté de la période suivante. Comme elle était située dans une partie basse de la vallée, il se peut qu'un violent orage en ait complètement masqué l'entrée. Ou encore qu'elle ait été protégée par des cabanes construites pour abriter les ouvriers employés à creuser plus tard la tombe d'un autre roi.

Avec la disparition des momies prend fin l'histoire de la Vallée, telle que nous la connaissons grâce aux sources égyptiennes antiques. Cinq cents ans s'étaient écoulés depuis que Thoutmosis Ier avait construit sa modeste tombe. Il nous faut maintenant imaginer une vallée désertée, hantée par les esprits, livrée aux renards, aux hiboux et aux chauves-souris. Pourtant, désolée comme elle l'était, la Vallée n'avait pas perdu tout romantisme. Elle restait toujours la Vallée sacrée des Rois, et des foules de sentimentaux et de curieux venaient la visiter. Quelques tombes furent même réutilisées à l'époque d'Osorkon 1er (environ 900 avant J.-C.) pour enterrer des prêtresses.

De nombreux auteurs classiques font référence aux tombeaux royaux creusés dans la pierre. Et les gribouillages de noms sur les murs témoignent que certaines tombes étaient accessibles aux visiteurs de l'époque. Ainsi, un certain Philetairos, fils d'Ammonios, dont le nom apparaît à plusieurs endroits sur les murs de la tombe dans laquelle nous avions organisé l'un de nos repas, m'a beaucoup intrigué. Mais je ne voudrais pas que le lecteur en déduise que j'approuve l'action de tous ceux qui, comme ce « John Smith, 1878 », éprouvent le besoin de laisser une trace de leur passage...

Une dernière image, avant que le brouillard du Moyen Age ne s'abatte sur la Vallée pour la dérober à nos yeux. Il y a, dans l'atmosphère de ce pays un je ne sais quoi qui invite à la solitude, et c'est probablement une des raisons pour lesquelles, après la conversion de l'Egypte au christianisme, tant d'habitants se sont tournés vers la vie ascétique. Le pays lui-même, avec son climat toujours égal, son étroite bande de terre cultivable, ses collines désertiques, criblées de cavernes naturelles et artificielles, s'y prête particulièrement. On y trouve facilement abri, à distance raisonnable du monde extérieur. C'est pourquoi aux premiers siècles de l'ère chrétienne, ils furent sans doute des milliers à choisir de mener une vie contemplative. Partout, dans les sépultures taillées dans le roc, nous retrouvons leurs traces. Entre le IIe et le IVe siècle après J.-C., une colonie d'anachorètes prit possession de la Vallée, transformant les tombes en cellules, et l'une d'elles en église.

Telle est donc notre dernière vision de la Vallée des temps immémoriaux. Etrange spectacle ! La pauvreté et l'humilité ont remplacé la munificence et la pompe royales. La « Précieuse Habitation » des pharaons est devenue cellule d'ermite.

3

LA VALLÉE À L'ÉPOQUE MODERNE

Pour décrire la Vallée à l'époque moderne, j'aimerais reprendre les pages de Richard Pococke, un voyageur anglais qui publia en 1743 *A Description of the East*, en plusieurs volumes. Son récit est extrêmement intéressant et compte tenu de la rapidité de sa visite, remarquablement précis. Voici sa description de l'approche de la Vallée :

« Le Sheik me fournit des chevaux et nous nous mîmes en route pour Biban el-Moulouk. Après avoir parcouru un bon kilomètre vers le nord, nous pénétrâmes dans une sorte de rue, bordée de murs rocailleux de trois mètres de haut dans lesquels étaient creusées des grottes, certaines supportées par des colonnes. Comme il n'y a pas le moindre signe d'habitation dans la plaine, je pensais que ces cavernes devaient, dans les temps anciens, servir de maisons, abritant mieux que la tente du vent et du froid de la nuit. La pierre est granuleuse et les portes sont taillées très régulièrement [1]. Tournant alors vers le nord-ouest, nous nous engageâmes dans une vallée très étroite.

1. Ces tombes du Moyen-Empire ont effectivement l'apparence de maisons.

Nous continuâmes vers le sud, puis le nord-ouest, pendant deux ou trois kilomètres à travers les montagnes... La vallée s'élargit, à la manière d'un amphithéâtre, et nous empruntâmes une sorte d'escalier taillé dans le roc, d'environ trois mètres de haut ; il est probable que l'ancien passage partait du temple de Memnon et passait sous les collines. C'est en tout cas par ce passage que nous arrivâmes à Biban el-Moulouk ou Bab el-Moulouk, c'est-à-dire " les portes " ou " la cour des Rois ", l'endroit où reposent les rois de Thèbes [1]. »

L'existence d'un passage secret à travers les collines jusqu'à Deir el-Bahari fait, aujourd'hui encore, rêver les autochtones et il est même des archéologues pour souscrire à cette thèse. Aucun fait probant n'est pourtant venu étayer cette hypothèse, jusqu'à présent, personne n'a pu en apporter la moindre preuve.

Pococke entreprend alors de décrire les tombes qu'il a pu visiter. Il en mentionne quatorze en tout et donne le plan de cinq d'entre elles — celles de Ramsès IV, Ramsès VI, Ramsès XII, Séthi II et de la tombe commencée par Taouseret et terminée par Setnekht. Pour celles de Mérenptah, Ramsès III, Amenmosis et Ramsès XI, il n'indique que le plan des galeries extérieures et des antichambres, les chambres funéraires lui étant apparemment restées inaccessibles. Des cinq autres, il affirme qu'elles sont « bouchées [2] ». Il semble bien que Pococke n'ait pu consacrer d'après ces écrits à cette visite tout le temps qu'il aurait souhaité. La Vallée n'était pas sûre, les pieux ermites dont nous parlions dans le chapitre pré-

1. Pococke, *A Description of the East*, vol. 1, p. 97.
2. D'après les graffiti, ces mêmes tombes étaient ouvertes à l'époque classique. Les auteurs grecs les appellent « syringes », à cause de leur forme de tuyau.

cédent ayant fait place à des hordes de bandits qui trouvaient refuge dans les collines de Gournah et terrorisaient toute la région. « Le Sheik avait également hâte de partir, remarque-t-il, craignant, j'imagine, que nous n'attirions l'attention si nous restions trop longtemps. »

Ces brigands thébains étaient redoutés et les voyageurs du XVIIIe siècle les évoquent souvent dans leurs récits. Norden, qui visita Thèbes en 1737 sans jamais aller plus loin que le Ramesseum (apparemment, il fallait s'estimer heureux de pouvoir aller jusque-là) en parle ainsi :

« Ces individus occupent à présent les grottes qu'on peut voir en grand nombre dans les montagnes avoisinantes. Ils n'obéissent à personne ; leurs repaires sont si élevés qu'ils peuvent apercevoir de très loin leurs éventuels assaillants. Quand ils se sentent assez forts, ils descendent dans la plaine pour rançonner les paysans ; sinon, ils restent à l'abri des grottes ou se retirent encore plus profondément dans les montagnes où l'on n'a guère envie de les suivre [1]. »

Bruce, qui se trouvait dans la Vallée en 1769, et qui eut également à souffrir de l'agressivité de ces bandits, rapporte une tentative, plus énergique que fructueuse, de l'un des gouverneurs de la région, pour mettre fin à leurs activités :

« Un certain nombre de voleurs, qui ressemblent beaucoup à nos bohémiens, vivent dans des grottes au-dessus de Thèbes. Ce sont des hors-la-loi, punis de mort quand on parvient à leur mettre la main au collet. Osman Bey, un ancien gouverneur de Girge, las des désordres commis par ces bandes, donna l'ordre de rassembler du bois en

---

1. Norden, *Travel in Egypt and Nubia*, traduit par le Dr. Peter Templeman, Londres, 1757.

grande quantité et avec ses soldats, monta jusqu'à leurs retraites. Il ordonna alors de boucher l'entrée de toutes les grottes avec des fagots et d'y mettre le feu. La plupart d'entre eux périrent. Mais les survivants se sont multipliés sans changer leurs manières [1]. »

C'est au cours de cette visite que Bruce se mit en devoir de recopier les harpistes dans la tombe de Ramsès III. Mais ses travaux furent brutalement interrompus. Comprenant qu'il avait l'intention de passer la nuit dans la tombe pour poursuivre ses recherches le lendemain matin, ses guides furent saisis de terreur. « Avec de grands cris et des signes de mécontentement, ils jetèrent leurs torches et entreprirent de sortir de la grotte, en nous laissant, moi et mes gens, dans le noir. Et tout en s'éloignant, ils ne cessaient d'évoquer les événements tragiques qui n'allaient pas manquer de se produire après leur départ. » Bruce devait bientôt découvrir à ses dépens que cette terreur était fondée. Tandis qu'il chevauchait dans la Vallée il fut attaqué à la nuit tombante par des bandits qui lui jetèrent des pierres du haut de la falaise. Grâce à son fusil et au mousqueton de son serviteur, il réussit à les mettre en fuite, mais arrivé à son bateau, il jugea plus prudent de lever l'ancre sans tarder et de ne pas essayer de répéter l'opération.

Même le nom magique de Napoléon ne parvint pas à briser l'arrogance de ces bandits. Les membres de la commission scientifique qui visitèrent Thèbes dans les derniers jours du siècle, furent molestés et essuyèrent même des coups de feu. Ils parvinrent néanmoins à procéder à un examen complet de toutes les tombes alors ouvertes et à se livrer à quelques fouilles.

---

1. Bruce, *Travels to Discover the Source of the Nile*, vol. 1, p. 125.

Faisons un saut jusqu'en 1815. Nous rencontrons là un des hommes les plus remarquables de l'histoire de l'égyptologie. Dans les premières années du siècle, un jeune géant italien, du nom de Belzoni, gagnait sa vie de façon précaire en Angleterre en exhibant sa force dans les foires. Né à Padoue, d'une respectable famille d'origine romaine, il était destiné à la prêtrise. Mais un caractère aventureux et les troubles intérieurs qui déchiraient l'Italie à cette époque l'avaient poussé à chercher fortune à l'étranger. Cette période de sa vie est évoquée dans un des livres de Smith. L'auteur y raconte comment, avec tout un groupe de personnes, il fut porté par ce colosse sur une scène de cirque. Mais entre deux démonstrations, Belzoni semble avoir pris le temps d'étudier la mécanique et, en 1815, il pensa avoir enfin trouvé l'occasion de faire fortune en introduisant en Egypte une roue hydraulique qui devait faire merveille. Mohammed Ali, le « Pacha », l'autorisa à présenter son invention. Selon Belzoni, ce fut un grand succès, mais il ne semble pas que les Egyptiens aient partagé cet avis, il se retrouva seul sans ressources, en pays étranger.

C'est alors que, grâce à l'explorateur Burckhardt, il fit la connaissance de Salt, le consul général britannique, qui le chargea de rapporter « le colosse de Memnon » (Ramsès II, aujourd'hui au British Museum) de Louxor à Alexandrie. Ceci, rappelons-le, se passait en 1815. Pendant les cinq années suivantes, il participa à des fouilles d'abord pour le compte de Salt, puis pour lui-même, en se querellant sans cesse avec ses rivaux, notamment avec Drovetti, qui représentait le consul de France. C'était la grande époque des fouilles. On s'appropriait tout, du scarabée à l'obélisque et, s'il y avait divergence d'opinion entre les chercheurs, la querelle se réglait le plus souvent à coups de fusil.

Le récit de ses expériences, publié en 1820, est l'un des livres les plus fascinants de toute la littérature concernant l'Egypte [1] et j'aurais aimé citer longuement ses aventures, raconter comment, par exemple, il cacha un obélisque dans le Nil et le repêcha ensuite. Mais je dois m'en tenir ici au travail qu'il effectua dans la Vallée. C'est lui qui découvrit les tombes d'Ay, de Montouherkhepeshef, de Ramsès Ier et de Séthi Ier. Et c'est dans cette dernière qu'il trouva le magnifique sarcophage de marbre exposé à présent au Soane Museum de Londres.

C'était la première fois qu'on procédait à de véritables investigations dans la Vallée, et il nous faut rendre hommage à son habileté. Même si certains épisodes peuvent choquer les archéologues modernes (il ouvrait les portes scellées en les défonçant à coups de masse), dans l'ensemble, son travail fut bien fait. Relevons au passage que, comme tous ceux qui prospectèrent la Vallée, Belzoni était convaincu d'en avoir épuisé toutes les possibilités. « C'est ma ferme opinion, déclara-t-il, qu'après mes derniers travaux il n'y a plus de tombes à découvrir dans la Vallée de Biban el-Moulouk. Avant de quitter ces lieux, j'ai vraiment mis en œuvre toutes mes modestes compétences pour trouver d'autres tombeaux, mais en vain. Qui plus est, indépendamment de mes propres recherches, M. Salt, le consul britannique, a travaillé quatre mois après mon départ sans davantage de succès. »

En 1820, Belzoni, de retour en Angleterre, organisait

1. A paraître prochainement aux Editions Pygmalion.

dans un bâtiment érigé à Piccadilly en 1812, l'Egyptian Hall, une exposition des trésors qu'il avait mis à jour, parmi lesquels le fameux sarcophage de marbre et une copie de la tombe de Séthi Ier. Il ne retourna jamais en Egypte et mourut quelques années plus tard lors d'une expédition à Tombouctou.

Pendant les vingt années qui suivirent, la Vallée fut convenablement exploitée et les rapports arrivaient nombreux et détaillés. Salt, Champollion, Burton, Hay, Head, Rossellini, Wilkinson, qui numérota les tombes, Rawlinson, Rhind, pour ne citer qu'eux, travaillèrent tous à améliorer nos connaissances. En 1844, Lepsius, à la tête d'une équipe allemande, fit un inventaire complet de la Vallée et vida la tombe de Ramsès II ainsi qu'une partie de celle de Mérenptah. Puis, ce fut le grand calme. Une fois encore, on pensa que l'expédition allemande avait épuisé toutes les richesses de la Vallée et aucune fouille de grande envergure ne fut plus entreprise jusqu'à la fin du XIXe siècle.

C'est pendant cette période, cependant, que se produisit l'un des événements les plus importants de l'histoire de la Vallée. Nous avons dit que les momies royales avaient été retirées de leur cachette pour être entreposées dans un caveau commun à Deir el-Bahari. C'est là qu'elles reposèrent pendant près de trois mille ans, et c'est là aussi que, dans l'été 1875, elles furent découvertes par une famille de Gournah, les frères Abd el-Rassoul. Depuis le XIIIe siècle avant notre ère, les habitants de ce village se livraient au trafic des objets précieux, volés dans les tombeaux royaux. Bien que leurs activités soient aujourd'hui surveillées, ils continuent à prospecter discrètement les endroits laissés pour compte et, de temps à autre, tombent sur un filon.

Cette fois, pourtant, la trouvaille dépassait leur compétence. Comme il était impossible de déménager le contenu du caveau, toute la famille jura le secret et décida de ne toucher à rien en essayant seulement de monnayer un objet de temps en temps. Aussi incroyable que cela puisse paraître, le secret demeura effectivement dans la famille pendant six ans et les Abd el-Rassoul, grâce à ce capital d'une quarantaine de pharaons défunts, s'enrichirent rapidement.

Pourtant, au fur et à mesure que les objets apparaissaient sur le marché, il devint bientôt flagrant qu'il y avait eu quelque part une fabuleuse découverte. Ce n'est cependant qu'en 1881 qu'il fut possible de remonter la filière, sans pouvoir pour autant prouver quoi que ce soit. Le chef de la famille fut arrêté et soumis à un interrogatoire par le Moudir de Qéneh, le célèbre Daoud Pacha, dont les méthodes de justice, si elles n'étaient pas très orthodoxes, ne manquaient pas d'efficacité. Il nia tout et, naturellement, tous les habitants de Gournah protestèrent comme un seul homme de l'honnêteté des Abd el-Rassoul. Il fut donc relâché provisoirement pour manque de preuves, mais sortit visiblement secoué de ses entretiens avec Daoud, qui avaient à cet égard une réputation bien établie.

A ce propos, l'un de nos plus vieux ouvriers nous a raconté l'histoire suivante : voleur de métier, dans son jeune âge il fut surpris un jour dans l'exercice de ses fonctions. On l'amena devant le Moudir. C'était par une chaude journée et ses nerfs furent mis à rude épreuve dès qu'il se trouva en présence du magistrat en train de faire ses besoins dans une grande jarre pleine d'eau. Du haut de ce siège de justice peu conventionnel, Daoud le regarda et, continua notre homme, « tandis que son regard me transperçait, je sentis mes os se liquéfier. Puis, très calmement, il me dit : “ Puisque c'est la première fois que tu comparais devant moi, tu peux partir, mais prends bien garde que cela ne se reproduise jamais. ” Je fus si terrifié que je décidai sur-le-champ de changer de métier ».

Il en fut probablement de même pour la famille Abd el-Rassoul, car un mois plus tard, l'un de ses membres vint se confesser à Daoud. Les nouvelles furent immédiatement télégraphiées au Caire. Emile Brugsch Bey, du musée du Caire, fut envoyé pour enquêter et, le 5 juillet 1881, le secret si longtemps gardé était enfin dévoilé. Instant émouvant entre tous ! Entassés dans un caveau grossièrement taillé, reposaient les monarques les plus puissants de l'ancienne Egypte, des rois dont le nom était connu du monde entier, mais que personne, même dans les rêves les plus fous, n'avait jamais imaginé contempler un jour. Ils étaient tous là, à l'endroit même où les prêtres les avaient déposés dans le secret et la hâte, trois mille ans auparavant. Sur les cercueils de bois et sur les momies, se trouvait inscrit avec netteté le récit de leurs tribulations. On procéda au changement de certaines bandelettes et de quelques sarcophages. En quarante-huit heures (aujourd'hui nous ne faisons plus les choses aussi précipitamment !...) le caveau funéraire était vide. Les rois furent embarqués sur un bateau, et quinze jours après l'arrivée de Brugsch à Louxor, ils étaient au musée du Caire.

Il convient de rappeler ici un épisode célèbre. Tandis que le bateau, chargé de son précieux fardeau, descendait le fleuve, les hommes des villages environnants se rassemblèrent pour tirer des salves en l'honneur du convoi funéraire. Sur les berges, les femmes suivaient le navire en s'arrachant les cheveux et en poussant leurs youyous de lamentation. Quels cris auraient pu, mieux que ceux-là, montés des profondeurs de l'histoire, accompagner ces grands rois dans leur dernier voyage ?

Mais revenons à la Vallée. En 1898, sur les indications des fonctionnaires locaux, M. Loret, alors directeur général du Service des Antiquités, découvrit plusieurs autres tombes, dont celles de Thoutmosis Ier, Thoutmosis III et Amenhotep II. Cette dernière constituait une découverte de taille. Nous l'avons vu, treize momies royales avaient trouvé refuge dans la tombe d'Amenhotep et c'est là qu'on les trouva en 1898. Mais des trésors enfouis à leurs funérailles, il ne restait plus rien. On leur avait cependant épargné la dernière indignité. La tombe avait été violée, il est vrai ; on avait brisé ou volé la plus grande partie de l'équipement funéraire, mais elle avait échappé à la destruction totale et les momies étaient intactes. Le corps d'Amenhotep lui-même reposait encore dans son sarcophage. A la demande de sir William Garstin, le gouvernement se prononça à juste titre contre son retrait. La tombe fut donc rebouchée, on plaça un garde devant l'entrée et on laissa le roi en paix.

Malheureusement, l'histoire ne s'arrête pas là. Un an ou deux après la découverte, des pilleurs de tombes modernes y pénétrèrent, sans doute avec la complicité du gardien, et sortirent la momie de son sarcophage pour voler ses trésors. Les malfaiteurs, retrouvés par l'inspecteur en chef des Antiquités, furent arrêtés mais on ne put les faire condamner. Il n'y avait en fait guère de différence avec les anciens procès menés du vivant des pharaons, et nous sommes bien forcés d'admettre qu'à de nombreux égards les choses n'ont pas beaucoup changé depuis le règne de Ramsès IX.

La morale à tirer de ces événements, à l'intention des critiques qui nous traitent de vandales parce que nous vidons les tombes, c'est qu'en déposant les trésors que nous découvrons dans les musées, nous assurons leur sécurité. Laissés sur place, ils disparaîtraient tôt ou tard.

En 1902, un permis de fouilles fut accordé à un Américain, Theodore Davis, qui allait travailler dans la Vallée pendant douze saisons consécutives. Nous connaissons, presque tous, ses principales découvertes. Notamment, les tombes de Thoutmosis IV, d'Hatchepsout, de Siptah, de Iouiya et de Touiyou — arrière-grand-père et arrière-grand-mère de l'épouse de Toutankhamon —, d'Horemheb, et le caveau destiné à recevoir la momie d'Akhénaton après son transfert de sa tombe originale de Tel el-Amarna. Cette cachette abritait la momie et le sarcophage du roi hérétique, une toute petite partie de son ornementation funéraire et des morceaux de naos de sa mère, la reine Tiyi. En 1914, la concession de M. Davis nous était confiée. Ainsi commençait pour nous l'histoire de la tombe de Toutankhamon.

4

TRAVAIL PRÉLIMINAIRE À THÈBES

De ma première visite en Egypte en 1890, j'avais gardé l'ambition d'explorer la Vallée et lorsque, sur la recommandation de sir William Garstin et de sir Gaston Maspero, je commençai en 1907 à travailler avec lord Carnarvon, nous avions tous deux l'espoir d'obtenir un jour un permis de fouilles. En qualité d'inspecteur du département des Antiquités, j'avais déjà découvert deux tombes et supervisé avec M. Theodore Davis, le transport des objets qu'elles contenaient. Ceci n'avait fait que renforcer mon désir d'acquérir une concession régulière. Comme c'était alors impossible, nous fouillâmes pendant sept ans, avec des fortunes diverses, d'autres parties de la nécropole thébaine. Les résultats de ces cinq premières années de travail ont été publiés dans *Five Years' Explorations at Thebes*, livre écrit en collaboration avec lord Carnarvon en 1912.

En 1914, la découverte de la tombe d'Amenhotep, au sommet des contreforts de Dra Abou el-Naga, attira une nouvelle fois notre attention sur la Vallée. M. Theodore Davis, toujours détenteur de la concession, avait déjà affirmé qu'à son avis, la Vallée n'avait plus rien à livrer. Les deux dernières saisons, il avait d'ailleurs abandonné la Vallée proprement dite pour se consacrer à une autre, un peu plus au nord — où il espérait trouver les tombes des rois-prêtres et des reines de la XVIIIe dynastie — et aux collines entourant le temple de Medinet Habou. Il éprouvait néanmoins des réticences à abandonner totalement le site et ce ne fut qu'en juin 1914 qu'on nous donna enfin notre concession. Sir Gaston Maspero, directeur du département des Antiquités, qui signa notre permis, était lui aussi d'avis qu'il n'y avait plus rien à trouver et nous le dit franchement. Mais Belzoni avait dit la même chose un siècle auparavant ! Nous avions procédé à une étude très complète, et nous étions persuadés qu'il restait certains endroits, recouverts par les rejets des archéologues précédents, qui n'avaient pas été correctement examinés.

Nous savions qu'un travail titanesque nous attendait, qu'il faudrait remuer des milliers de tonnes de terre et de gravats avant de découvrir quelque chose. Mais, nous étions prêts à tenter l'aventure. Nous avions même un but précis : trouver la tombe de Toutankhamon.

Notre conviction s'appuyait sur plusieurs éléments. M. Davis, alors que son travail dans la Vallée touchait à sa fin, avait trouvé, cachée sous une pierre, une tasse en faïence au nom de Toutankhamon. Dans la même région, il était tombé sur un petit caveau dans lequel il avait découvert une statue d'albâtre anonyme, ayant peut-être appartenu à Ay, et une boîte en bois, brisée, qui contenait des feuilles d'or à l'effigie et au nom de Toutankhamon et de sa femme. Il avait bien cru qu'il s'agissait de la sépulture du jeune pharaon, mais la tombe en question, petite et insignifiante, avait dû plus vraisemblablement appartenir à un membre de la famille royale de la période ramesside. Ce n'était certainement pas là la sépulture d'un roi de la XVIIIe dynastie. De toute évidence, le matériel royal qui s'y trouvait avait été placé là à une date postérieure et n'avait aucun rapport avec le caveau lui-même.

Un peu à l'est de ce caveau, dans une cache irrégulièrement creusée à flanc de rocher, il avait également mis à jour, au cours de ces premières années de travail (1907-1908), de grosses jarres de terre, scellées et ornées d'inscriptions en écriture hiératique. Un examen superficiel révéla qu'elles ne contenaient que des fragments de poterie, des bouts de chiffons et autres débris, et M. Davis refusa de s'y intéresser. Il déposa les jarres dans sa maison de la Vallée et les oublia. C'est là que, plus tard, M. Winlock les remarqua et comprit immédiatement leur importance. Avec le consentement de M. Davis, toute la collection fut envoyée au Metropolitan de New York, où M. Winlock la soumit à un examen approfondi. Leur contenu s'avéra d'un intérêt considérable. Il y avait là des sceaux d'argile, dont certains portaient le nom de Toutankhamon, d'autres l'emblème de la nécropole royale, des fragments de magnifiques vases peints, de châles de lin (l'un d'eux portant la dernière date connue du règne de Toutankhamon), de ces collerettes florales que portaient les invités dans les cérémonies funéraires et une multitude d'objets divers, le tout constituant apparemment le matériel utilisé lors des funérailles de Toutankhamon.

Nous disposions donc de trois éléments — la tasse de faïence, les feuilles d'or du caveau et ces jarres — qui, tous, semblaient relier Toutankhamon à cette partie de la Vallée. De plus, c'était dans ces parages que M. Davis avait découvert la fameuse cachette d'Akhénaton. Celle-ci abritait des restes de l'équipement funéraire de la famille royale hérétique, apportés de Tel el-Amarna et cachés là pour plus de sécurité. On peut même avancer que Toutankhamon procéda lui-même à leur transfert, puisqu'on a trouvé dans la cachette un certain nombre de ses sceaux.

Nous étions donc profondément convaincus que la tombe de Toutankhamon restait encore à découvrir, et qu'elle devait se situer non loin du centre de la Vallée. Des fouilles systématiques et exhaustives de l'endroit nous semblaient présenter des chances raisonnables de succès, et nous étions sur le point d'achever notre plan de campagne pour la saison 1914-1915 lorsque la guerre éclata, suspendant tous nos projets.

Les années suivantes, la guerre réclama la plupart de mon temps. Il y eut néanmoins quelques intervalles pendant lesquels je pus effectuer certains travaux. En février 1915, par exemple, je procédai à l'inventaire complet de l'intérieur de la tombe d'Amenhotep III, partiellement déblayée en 1799 par M. Devilliers, l'un des membres de la « Commission d'Egypte » de Napoléon, et plus tard, par M. Theodore Davis. Au cours de ce travail, nous fîmes une découverte intéressante. D'après des dépôts de fondations restés intacts devant l'entrée et d'autres indices relevés dans la tombe, il semblait bien qu'elle avait été conçue à l'origine par Thoutmosis IV et que la reine Tiyi y avait été enterrée.

L'année suivante, lors de brèves vacances à Louxor, je fus amené à m'occuper d'un tout autre genre de travail. L'absence d'officiels due à la guerre, et la démoralisation générale avaient provoqué une recrudescence d'activité de la part des pilleurs de tombes du cru et, partout, on fouillait fiévreusement. Un après-midi, la nouvelle parvint au village qu'on avait découvert quelque chose dans un endroit désert et peu fréquenté, sur la face ouest de la montagne, au-dessus de la Vallée des Rois. Un groupe rival de pillards s'arma immédiatement pour se diriger vers l'endroit indiqué. Après quelques bagarres, le premier groupe fut chassé par le second et se replia en criant vengeance.

Pour éviter de nouveaux troubles, les notables du village vinrent me demander de prendre l'affaire en main. Il était déjà tard dans l'après-midi. Je rassemblai hâtivement quelques-uns de mes ouvriers qui avaient échappé au recrutement. Il était minuit lorsque nous atteignîmes notre but, après avoir grimpé plusieurs centaines de mètres dans les collines de Gournah. Notre guide nous montra une corde qui disparaissait dans une faille obscure. En tendant l'oreille, nous pouvions entendre les voleurs au travail. Je sectionnai d'abord leur corde pour leur couper la retraite, puis arrimai fermement une solide corde que nous avions amenée et me laissai glisser dans le trou. Atterrir à minuit dans un nid de pillards industrieux, c'est tout de même une aventure ! Ils étaient huit et, quand je touchai le fond, il y eut quelques instants de confusion. Je leur donnai le choix soit de remonter à la surface à l'aide de ma corde, soit de rester où ils étaient, sans corde. Finalement, ils eurent le bon sens de partir. Je passai le reste de la nuit sur place et, dès que le jour se leva, redescendis dans la tombe pour voir de quoi il s'agissait.

L'emplacement de cette tombe était remarquable. L'entrée, située au fond d'une cavité naturelle, creusée par les pluies, à une quarantaine de mètres du sommet de la faille et une soixantaine de mètres au-dessus du lit de la Vallée, était si bien cachée que, ni du haut ni du bas, on n'en voyait la moindre trace. Un couloir de seize mètres de long s'enfonçait droit dans le flanc de la faille, il tournait à angle droit et un petit passage en pente raide menait à une chambre de cinquante-quatre mètres carrés. L'endroit était rempli de gravats dans lesquels les voleurs avaient creusé un tunnel de vingt-sept mètres de long, juste assez large pour qu'un homme puisse s'y introduire en rampant.

C'était une découverte intéressante, peut-être même importante ; aussi décidai-je de dégager la tombe. Cela prit vingt jours, en travaillant jour et nuit avec plusieurs équipes d'ouvriers. La méthode de la corde n'était ni pratique ni sûre et nécessitait, en outre, une rude escalade depuis la Vallée. Il était préférable d'accéder à la tombe par le bas. Nous installâmes donc un système de poulies qui nous permettait de monter ou descendre. L'opération n'en restait pas moins inconfortable et, pour ma part, j'effectuais toujours la descente dans un filet.

A mesure que le travail progressait, l'excitation s'emparait des ouvriers. Ils étaient persuadés qu'un endroit aussi bien caché devait recéler des trésors inouïs. Grande fut leur déception quand il s'avéra que la tombe était inachevée et inoccupée. Le seul objet de valeur était un grand sarcophage de grès qui n'était pas non plus terminé. Il portait des inscriptions attestant qu'il était destiné à la reine Hatchepsout. Il est probable que cette maîtresse femme avait fait construire cette tombe pour elle, alors qu'elle n'était que l'épouse du roi Thoutmosis II. Plus tard, quand elle prit le pouvoir, elle voulut se faire enterrer dans la Vallée, comme les autres souverains — c'est d'ailleurs là que je l'avais moi-même trouvée en 1903 — et la tombe que nous venions de découvrir fut abandonnée. La reine aurait mieux fait de s'en tenir à son projet initial ; dans cet endroit secret, sa momie aurait eu quelques chances d'échapper aux voleurs, alors que dans la Vallée elle n'en avait aucune. Et reine, elle a subi ce que les rois subissent.

Notre véritable campagne dans la Vallée s'ouvrit à l'automne 1917. Nous ne savions par où commencer, car des montagnes de gravats rejetés par les fouilleurs précédents encombraient le sol. Aucun rapport n'indiquait avec précision les zones qui avaient été correctement prospectées. La seule chose à faire était donc de creuser jusqu'à la couche de pierres, et je suggérai à lord Carnarvon de prendre comme point de départ le triangle formé par les tombes de Ramsès II, Mérenptah et Ramsès VI.

C'était une entreprise hasardeuse, mais j'avais des raisons de croire que le sol sous les gravats n'avait jamais été touché, et la conviction profonde que c'était là que nous pouvions trouver une tombe. Nous déblayâmes une partie considérable des couches supérieures et avançâmes jusqu'au pied de la tombe de Ramsès VI. Là, nous rencontrâmes une série de huttes d'ouvriers, ce qui indique ordinairement la proximité d'une tombe. Notre premier mouvement fut de poursuivre les travaux dans cette direction. Mais nous aurions alors coupé tous les accès de la tombe de Ramsès située au-dessus, et c'était l'une des plus célèbres de toute la Vallée. Nous décidâmes d'attendre une occasion plus propice. Jusque-là, nous n'avions mis à jour que des *ostraca*[1], intéressants mais pas des plus excitants.

Nos travaux reprirent pendant la saison 1919-1920.

1. Eclats de calcaire ou fragments de poterie, sur lesquels on dessinait et écrivait pour économiser le papyrus.

Il nous fallait d'abord défricher le terrain où nous allions mettre les déblais. Au cours de cette besogne préliminaire, nous trouvâmes des petits dépôts de fondations au nom de Ramsès IV, près de l'entrée de sa tombe. Nous voulions achever de déblayer cette année-là, tout le triangle déjà mentionné, et il nous fallait faire appel à un assez grand nombre d'ouvriers. Quand lord et lady Carnarvon arrivèrent en mars, tout le terrain était nettoyé et nous étions prêts à nous attaquer au sol, que nous pensions être vierge. Nous en eûmes bientôt la preuve lorsque nous découvrîmes dans une petite cachette treize jarres d'albâtre portant le nom de Ramsès II et de Mérenptah, et qui provenaient certainement de la tombe de ce dernier. Nous étions très agités par ces premiers signes encourageants, et lady Carnarvon insista pour déterrer elle-même les jarres. C'étaient de magnifiques spécimens.

A l'exception du terrain sur lequel se dressaient les huttes des ouvriers, nous avions maintenant fouillé tout le triangle que nous nous étions assigné sans trouver trace d'une tombe. L'espoir ne nous avait pas quittés, mais nous décidâmes d'abandonner cette section jusqu'à ce que nous puissions, en commençant tôt dans l'automne, travailler sans gêner les visiteurs.

Pour la tentative suivante, nous choisîmes la petite vallée latérale où se trouvait la tombe de Thoutmosis III. Ceci nous occupa deux saisons entières et, bien que nous n'ayons rien exhumé de véritablement important, nous fîmes une découverte archéologique intéressante. La tombe de Thoutmosis III, découverte par Loret en 1898, était cachée dans une crevasse assez élevée. En creusant dans la vallée inférieure, nous dégageâmes l'ébauche d'une tombe qui, d'après ses fondations, avait dû, à l'origine, être destinée à ce même roi. Il est probable que, pendant les travaux, il vint à l'esprit de Thoutmosis ou de son architecte que la crevasse dans le roc offrait un meilleur emplacement. Elle était effectivement plus difficile d'accès, donc mieux protégée. Cependant, l'explication la plus plausible reste encore que la tombe inférieure a été inondée par une de ces pluies torrentielles qui s'abattent de temps à autre sur Louxor, et que le pharaon a cherché alors un site plus élevé.

Tout près de là, à l'entrée d'une tombe abandonnée, nous trouvâmes des dépôts de fondations au nom de sa femme, Méritrêhatchepsout, sœur de la grande reine du même nom. Il ne faudrait pourtant pas en conclure qu'elle y fut enterrée, car il serait contraire à toutes les coutumes de trouver une reine dans la Vallée. Quoi qu'il en soit, ce fut un dignitaire thébain, Sénnefer, qui s'attribua la tombe.

Nous avions exploré la Vallée pendant plusieurs saisons sans résultats décisifs, et nous nous demandions s'il fallait poursuivre nos recherches ou nous attaquer à un autre site. Mon sentiment était que, tant qu'il resterait une seule parcelle de terrain non explorée, il valait la peine de persévérer. La Vallée est peut-être le plus ingrat de tous les sites archéologiques égyptiens, mais quand elle vous livre un de ses secrets, on est récompensé au centuple de longues années de travail monotone.

De plus, nous n'avions pas encore fouillé sous les cabanes des ouvriers, au pied de la tombe de Ramsès VI. J'avais toujours pensé que c'était par ici qu'on trouverait l'un des rois qui nous manquait, Toutankhamon peut-être. Les diverses stratifications de sédiments semblaient bien indiquer la présence d'une tombe. Nous décidâmes finalement de consacrer une dernière saison à la Vallée, en commençant tôt, quitte à couper l'accès à la tombe de Ramsès VI si cela s'avérait nécessaire, et au moment où cela gênerait le moins les visiteurs.

5

LA DÉCOUVERTE DE LA TOMBE

L'histoire de la Vallée, comme on l'a vu a toujours été fertile en rebondissements, et le dernier épisode respecte la tradition.

Ce devait être notre dernier automne dans la Vallée. Nous y avions passé six saisons pleines, travaillé des mois d'affilée, sans rien trouver, et l'on n'imagine pas combien cela peut être déprimant. Nous nous tenions presque pour vaincus et nous préparions à quitter la Vallée pour aller tenter notre chance ailleurs. Et ce jour-là, à peine avions-nous donné le premier coup de pioche que nous faisions une découverte qui surpassait nos rêves les plus fous. Jamais, dans toute l'histoire de l'archéologie, saison de fouilles n'a donné autant de résultats en l'espace de cinq jours.

J'étais arrivé à Louxor le 28 octobre et, le 1er novembre, j'avais enrôlé tous mes hommes. Nos fouilles s'étaient arrêtées au nord-est de la tombe de Ramsès VI et c'est de là que nous devions reprendre les travaux, en avançant vers le sud. Je rappelle qu'il y avait là un certain nombre de cabanes grossièrement construites, probablement destinées à abriter les ouvriers de la tombe de Ramsès. Ces cabanes couvraient toute la surface s'étendant devant la tombe et se prolongeaient vers le sud pour rejoindre plus haut un groupe similaire, de l'autre côté de la Vallée. Ce dernier découvert par Davis lorsqu'il travaillait à la cachette d'Akhénaton. Le soir du 3 novembre, nous en avions dégagé plusieurs et, après avoir noté leur emplacement, nous les enlevâmes. Il ne nous restait plus qu'à nous attaquer au sol sur lequel elles reposaient.

Le lendemain matin, 4 novembre, lorsque j'arrivai sur le chantier un silence inhabituel me fit comprendre que quelque chose venait de se passer. On m'annonça aussitôt que sous la première hutte qu'on avait attaquée, on venait de mettre à jour une marche taillée dans le roc. C'était trop beau pour être vrai. Pourtant, nous étions bel et bien devant l'entrée d'un escalier creusé dans la pierre à quelque quatre mètres en contrebas de la tombe de Ramsès VI, et à la même profondeur du niveau actuel du lit de la Vallée. Je n'osais pas croire que nous avions enfin trouvé notre tombe. Le travail se poursuivit fiévreusement pendant tout le reste de la journée et le matin suivant. Ce ne fut que dans l'après-midi du 5 qu'on réussit à dégager les arêtes supérieures de l'escalier.

Indubitablement, nous nous trouvions là à l'entrée d'une tombe. Pourtant, nous continuions à douter. Il se pouvait que la tombe ne soit qu'une ébauche, jamais terminée, jamais utilisée. Et même si elle était achevée, elle avait pu être pillée et vidée depuis longtemps. Ce fut donc avec une excitation mal dissimulée que je vis apparaître une à une les marches de l'escalier. Ce dernier s'enfonçait dans le roc pour former un couloir de trois mètres de haut sur un mètre quatre-vingts de large. A présent, nous progressions plus rapidement et, au crépuscule, alors que nous atteignions la douzième marche, nous aperçûmes la partie supérieure d'une porte scellée, bloquée par des pierres plâtrées.

Une porte scellée... C'était donc vrai ! Des années de patient travail allaient enfin être récompensées ! J'avais eu raison de ne pas perdre foi en la Vallée. Fébrilement, je cherchai sur la porte quelque chose qui pût me dire qui était enterré là, mais je ne pus voir que les sceaux distinctifs de la nécropole royale : Anubis dominant les neuf ennemis de l'Egypte. Deux conclusions s'imposaient toutefois. D'abord, le sceau de la nécropole royale sur la porte de la tombe prouvait qu'elle avait été construite pour un personnage de haut rang. D'autre part, l'escalier étant entièrement dissimulé par des cabanes d'ouvriers qui dataient de la XXe dynastie, on pouvait supposer qu'au moins à partir de cette époque, la tombe n'avait pas été ouverte. Je devais pour l'instant me contenter de cela.

En examinant les sceaux de plus près, je remarquai, en haut de la porte, là où le plâtre s'était écaillé, un lourd linteau de bois. Voulant m'assurer que la porte était bien bloquée, je pratiquai un petit trou sous ce linteau, juste assez grand pour y introduire une torche électrique, et découvris que le couloir qui se prolongeait au-delà était totalement rempli de gravats, du sol au plafond — preuve supplémentaire du soin avec lequel on avait essayé de protéger la tombe.

Minute rare dans la vie d'un fouilleur ! Seul avec mes ouvriers, je me trouvais peut-être, après des années de labeur relativement improductif, au seuil d'une importante découverte. Ce couloir pouvait, littéralement, mener à tout. Et je dus faire un immense effort pour me retenir d'abattre la porte sur-le-champ.

Une chose m'intriguait. C'était l'étroitesse de l'ouverture, comparée à celles des autres tombes de la Vallée. Le plan datait certainement de la XVIIIe dynastie. S'agissait-il de la tombe d'un noble, enterré ici par consentement royal ? Etait-ce une cachette où l'on avait déposé une momie et son équipement pour les protéger ? Ou bien le tombeau du roi que je cherchais depuis si longtemps ?

Une nouvelle fois, j'examinai les sceaux, à la recherche d'un indice. En vain. Si j'avais su que, quelques centimètres plus bas, se trouvait une impression claire et distincte du sceau de Toutankhamon, j'aurais fait dégager la porte immédiatement et me serais épargné près de trois semaines d'incertitude. Mais il était tard, la nuit commençait à tomber. A contrecœur, je rebouchai le trou que je venais de percer, remblayai l'excavation pour la protéger durant la nuit, choisis le plus honnête de mes ouvriers — qui étaient tous aussi exaltés que moi — pour monter la garde devant la tombe, et rentrai chez moi à la lumière de la lune.

Naturellement, mon plus vif désir était d'aller de l'avant pour déterminer toute l'étendue de cette découverte. Mais lord Carnarvon était en Angleterre et il me fallait retarder les choses jusqu'à son arrivée. Le matin du 6 novembre, je lui envoyai le télégramme suivant : « Merveilleuse découverte dans la Vallée. Tombe superbe avec sceaux intacts. Attends votre arrivée pour ouvrir. Félicitations. »

Avant tout, il fallait s'occuper de protéger l'entrée. On remblaya l'escalier jusqu'au niveau du sol et on roula devant les plus gros blocs de pierre qui composaient

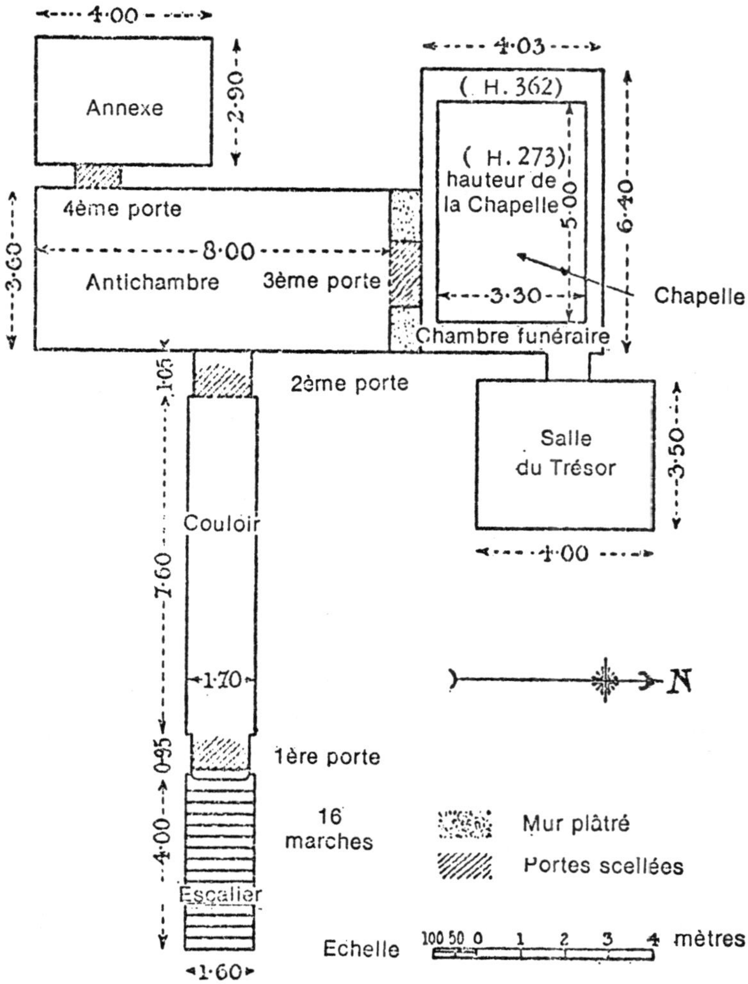

PLAN DE LA TOMBE

les maisons des ouvriers. Quarante-huit heures exactement après avoir découvert la première marche, tout était fait. C'était comme si la tombe n'avait jamais existé ; j'aurais pu croire que j'avais rêvé.

Je fus bientôt rassuré sur ce point. Les nouvelles vont vite en Egypte et, deux jours après la découverte, félicitations, questions et offres d'aide me parvinrent de tous côtés. Je me rendais bien compte que je ne pouvais entreprendre seul ce travail et je télégraphiai à Callender, qui m'avait déjà assisté plusieurs fois, pour lui demander de venir me rejoindre sans délai. A mon grand soulagement, il fut là le lendemain. Le 8, je reçus deux messages de lord Carnarvon en réponse à mon télégramme. Le premier disait : « Tentons de venir le plus vite possible », et le second : « Arrivons Alexandrie le 20. »

Nous avions donc une quinzaine de jours devant nous que nous consacrâmes à divers préparatifs, de manière à pouvoir faire face à toutes les éventualités quand le moment serait venu d'ouvrir la tombe. La nuit du 18, je me rendis au Caire pour accueillir lord Carnarvon et faire quelques achats. Je revins à Louxor le 21. Le 23, lord Carnarvon arriva sur les lieux avec sa fille, lady Evelyn Herbert, compagne dévouée de toutes ses aventures égyptiennes. Callender s'était employé toute la journée à déblayer les premières couches de gravats pour que, le lendemain matin. nous puissions emprunter l'escalier sans attendre. Tout était en place.

L'après-midi du 24, les seize marches de l'escalier étaient dégagées et nous pouvions examiner la porte scellée. Sur la partie inférieure, les sceaux étaient plus nets et nous en déchiffrâmes plusieurs sans difficulté : ils portaient le nom de Toutankhamon ! Nous touchions au but ! Si, comme cela semblait maintenant presque certain, nous avions trouvé la tombe de ce monarque dont le règne avait coïncidé avec l'une des périodes les plus intéressantes de l'histoire égyptienne, nous avions vraiment des raisons de nous féliciter.

Notre intérêt en fut encore décuplé, et nous renouvelâmes l'inspection de la porte. Un fait troublant, qui nous avait d'abord échappé, nous frappa. A présent que toute la porte était visible, il apparaissait qu'elle portait des traces de réouverture. En outre, le premier sceau que nous avions découvert, celui d'Anubis et des neuf captifs, avait été appliqué sur la partie refermée, alors que les sceaux de Toutankhamon se trouvaient sur sa partie intacte. Ce qui voulait dire que ces derniers avaient été apposés à la première fermeture officielle de la tombe. Celle-ci n'était donc pas vierge comme nous l'avions espéré. Des voleurs y étaient entrés, et plus d'une fois. Mais pas depuis la mort de Ramsès VI, les maisons d'ouvriers l'ayant alors protégée. Ils ne l'avaient pas non plus complètement pillée, puisqu'on avait rescellé la porte [1].

Nous eûmes bientôt une autre énigme à résoudre. Dans la strate inférieure des débris qui remplissaient l'escalier, nous trouvâmes des boîtes brisées et des fragments de poterie au nom de Toutankhamon, de Smenkérê et d'Akhénaton. Plus troublants encore, un scarabée de Thoutmosis III et un fragment portant le nom d'Amen-

1. D'autres preuves, découvertes plus tard, indiquent que la tombe n'a pas pu être rescellée après le règne d'Horemheb, c'est-à-dire dix à quinze ans après l'ensevelissement.

hotep III. Pourquoi tous ces noms ? Cela semblait indiquer que nous étions en présence non d'une tombe mais d'une cachette et, à ce stade des travaux, nous étions enclins à penser que nous allions découvrir une série d'objets divers datant de la XVIIIe dynastie, apportés par Toutankhamon de Tell el-Amarna pour les mettre à l'abri.

Nous en étions là le soir du 24. Le lendemain, nous devions enlever la porte scellée. Callender s'occupa de faire construire par les menuisiers une solide grille de bois destinée à la remplacer. M. Engelbach, l'inspecteur en chef du département des Antiquités, nous rendit visite dans l'après-midi et fut témoin des derniers travaux de déblaiement,

Le matin du 25, après avoir relevé l'empreinte des sceaux et les avoir photographiés, on retira les pierres brutes, enduites d'une épaisse couche de plâtre, qui bloquaient l'entrée.

On aperçut alors le début d'un couloir en pente, de la même largeur que l'escalier d'entrée et d'une hauteur de deux mètres environ. Comme je l'avais déjà constaté par le trou pratiqué dans la porte plâtrée, le couloir était entièrement bouché par des pierres et de la terre, et présentait lui aussi des traces de pénétration. Dans le coin supérieur gauche du remplissage originel, composé principalement de cailloux blancs et de terre, un tunnel irrégulier avait été creusé, puis rebouché avec des pierres plus sombres.

En dégageant le couloir, on trouva, mélangés aux décombres, des tessons de poterie, des bouchons de jarres, des jarres en albâtre, entières ou brisées, des vases peints, de multiples fragments d'objets plus petits et des outres, ces dernières ayant visiblement servi à contenir l'eau nécessaire au plâtrage de la porte. C'était bien la preuve qu'on avait ouvert la tombe, et nous étions de plus en plus méfiants. A la nuit, nous avions déblayé une bonne partie du couloir, mais rien ne nous indiquait l'existence d'une seconde porte ou d'une chambre funéraire.

Le 26 novembre devait être le plus beau jour de ma vie. Pendant toute la matinée, le travail de déblayage se poursuivit, lentement, en raison des objets délicats qui se trouvaient mêlés aux débris. Puis, au milieu de l'après-midi, à dix mètres de la première porte, on en mit à jour une seconde, scellée elle aussi, réplique presque parfaite de la première. Les sceaux, moins nets, étaient pourtant reconnaissables. C'étaient ceux de Toutankhamon et de la nécropole royale. Là encore, des marques sur le plâtre indiquaient que la porte avait été ouverte. Nous étions alors fermement convaincus que c'était bien une cachette que nous étions sur le point d'ouvrir. La disposition de l'escalier, du couloir et des portes rappelait celle où Davis avait trouvé le matériel d'Akhénaton et de Tiyi, non loin de nos propres fouilles. Le fait que les sceaux de Toutankhamon apparaissent ici encore confirmait nos hypothèses. Nous allions bientôt en avoir le cœur net.

Lentement, désespérément lentement, le reste des gravats qui encombraient la partie inférieure de la porte fut déblayé. L'instant décisif était arrivé. Les mains tremblantes, je pratiquai une petite ouverture dans le coin supérieur gauche. J'y introduisis une tige de fer qui ne rencontra que le vide. Puis je plaçai une bougie devant l'ouverture, pour m'assurer qu'il n'y avait pas d'émanations dangereuses, élargis le trou — et regardai. Anxieux, lord Carnarvon, lady Evelyn et Callender se tenaient près de moi.

D'abord, je ne vis rien; l'air chaud qui s'échappait de la chambre faisait clignoter la flamme de la bougie. Puis, à mesure que mes yeux s'accoutumaient à l'obscurité, des formes se dessinèrent lentement: d'étranges animaux, des statues, et, partout le scintillement de l'or. Pendant quelques secondes — qui durent sembler une éternité à mes compagnons — je restai muet de stupeur. Et, lorsque lord Carnarvon demanda enfin: « Vous voyez quelque chose ? », je ne pus que répondre: « Oui, des merveilles ! ». Alors, j'élargis encore l'ouverture pour que nous puissions voir tous les deux.

6

EXAMEN PRÉLIMINAIRE

Tous les fouilleurs connaissent ce sentiment de respect — presque de gêne — qu'on éprouve lorsqu'on pénètre dans une chambre fermée par des mains pieuses des siècles auparavant. Un instant, le temps s'abolit. Trois mille, quatre mille ans peut-être, se sont écoulés depuis qu'un pied a foulé pour la dernière fois ce sol. Et pourtant, à mesure qu'on note les traces de vie autour de soi — le bol à moitié rempli de mortier, la lampe noircie, l'empreinte de doigts sur une surface récemment peinte, la guirlande d'adieu posée sur le seuil —, on a l'impression que c'était hier. L'air qu'on respire, le même depuis des millénaires, on le partage avec ceux qui déposèrent la momie dans sa sépulture. Et chacun de ces petits détails vivants accroît votre sentiment de vous comporter en intrus.

Telle est bien la première impression. Mais, bientôt, d'autres vous assaillent, puissantes et rapides — la joie de la découverte, l'impulsion, presque irrésistible, de briser les scellés pour ouvrir les boîtes, la pensée qu'on est sur le point d'ajouter une page à l'histoire de l'humanité ou de résoudre un problème jusque là insoluble, l'espoir insensé aussi, du chercheur de trésors. Ces pensées me traversèrent-elles vraiment l'esprit à ce moment-là, ou me sont-elles venues depuis ? Je ne saurais le dire.

Jamais, sans doute, dans toute l'histoire de l'archéologie égyptienne, il n'a été donné à personne de contempler un spectacle aussi étonnant. Les photographies qui ont été publiées par la suite furent prises après qu'on eut ouvert la tombe et installé l'électricité. Il faut imaginer comment les objets nous apparurent, à la lumière de notre lampe — première lueur à percer l'obscurité de l'hypogée depuis trois mille ans. L'effet était inouï, bouleversant. Je crois que nous n'avions jamais vraiment formulé en termes exacts ce que nous nous attendions à voir. En tout cas, nous n'avions certainement jamais rêvé pareille chose : toute une salle remplie d'objets dont certains nous étaient familiers, d'autres inconnus, empilés les uns sur les autres avec une profusion apparemment inépuisable.

Graduellement, la scène se fit plus nette, et nous commençâmes à distinguer quelques objets. D'abord, juste en face de nous (nous avions enregistré leur présence dès le début sans vraiment y croire), se trouvaient trois grands lits funéraires dorés, dont les montants sculptés figuraient des animaux monstrueux, au corps curieusement étiré, mais dont les têtes étaient d'un réalisme étonnant. N'importe où, ils auraient été inquiétants, mais tels qu'il nous apparaissaient ici, brillant de tout leur or sous la lumière de notre torche, leurs têtes projetant des ombres grotesques sur les murs, ils devenaient terrifiants. Puis, sur la droite, deux statues attirèrent notre attention. Deux statues du roi, en bois, grandeur nature, se faisant face telles des sentinelles, habillées d'un pagne et de sandales d'or, armées d'une massue et d'une longue canne, portant au front le cobra sacré.

Et partout, et toujours, empilés les uns sur les autres, par centaines, des coffres peints et délicatement incrustés, des vases d'albâtre aux décors ajourés, d'étranges coffres noirs, la porte de l'un laissant échapper un gros serpent doré, des bouquets de fleurs et de feuilles, des lits, des chaises magnifiquement sculptées, un trône en or, de curieuses boîtes oblongues, des cannes de toutes tailles. Sur le seuil de la chambre, nous aperçûmes une magnifique coupe d'albâtre translucide en forme de lotus. A gauche, une pile confuse de chars démontés, étincelants d'or et de pierres incrustées. Et, derrière, nous épiant, une autre statue du roi.

Je ne crois pas que nous ayons remarqué tout cela sur l'instant. Nous étions beaucoup trop émus pour tout enregistrer avec précision. Mais, brutalement, une constatation s'imposa à nous : il n'y avait ni sarcophage ni momie ! C'était donc bien une cachette, comme nous le supposions. Nous examinâmes à nouveau la chambre pour bien nous en assurer. C'est alors seulement que nous remarquâmes qu'entre les deux sentinelles noires, se dessinait une autre porte scellée. Peu à peu, l'explication se fit jour dans notre esprit. Nous n'étions qu'au seuil de notre découverte. La salle où nous nous trouvions n'était qu'une antichambre. Derrière cette nouvelle porte, il y avait certainement une autre chambre, plusieurs peut-être. Et dans l'une d'entre elles, sans l'ombre d'un doute, devait reposer le pharaon dans toute sa magnificence funéraire.

Nous en avions assez vu pour l'instant. Après avoir rebouché le trou, nous refermâmes la grille de bois qu'on avait placée sur la première porte, laissâmes notre équipe d'ouvriers pour surveiller la tombe et nous rentrâmes chez nous à dos d'âne, silencieux et comme assommés.

En comparant nos impressions dans la soirée, nous fûmes surpris de voir à quel point elles différaient. Chacun avait remarqué des objets qui avaient échappé aux autres. Naturellement, c'était la porte scellée entre les statues qui nous intriguait le plus et nous rêvâmes jusqu'à une heure avancée de la nuit à ce qui pouvait nous attendre de l'autre côté. Une seule chambre contenant le sarcophage du roi ? Mais pourquoi une seule chambre ? Pourquoi pas une succession de couloirs et de salles, conduisant, dans le plus pur style de la Vallée, au tabernacle le plus sacré — la chambre funéraire ? Pourtant, d'après son plan, cette tombe ne devait ressembler à aucune autre. Des visions de chambres en enfilade, abritant chacune des trésors comparables à ceux que nous venions de voir, traversèrent nos esprits. De nouvelles questions surgissaient sans cesse. Les pilleurs avaient-ils réussi à ouvrir la troisième porte ? Elle nous avait paru intacte, mais nous ne l'avions pas examinée de près. Et s'ils y avaient réussi, quelles chances gardions-nous de trouver la momie intacte ? Aucun de nous n'a beaucoup dormi cette nuit-là.

Le lendemain matin, 27 novembre, nous arrivâmes de bonne heure sur le terrain. Il y avait beaucoup à faire. Nous devions, avant tout, installer un meilleur système d'éclairage. Callender se chargea de poser les fils qui nous relieraient au générateur principal de la Vallée. Pendant ce temps, nous relevâmes soigneusement les empreintes des sceaux de la deuxième porte avant de la démanteler. A midi, tout était prêt, et lord Carnarvon, lady Evelyn, Callender et moi-même entrions dans la tombe pour inspecter plus en détail la première chambre — que nous devions plus tard appeller l'antichambre. La veille au soir, j'avais écrit à M. Engelbach, l'inspecteur en chef du département des Antiquités, pour le mettre au courant de nos travaux et lui demander de venir faire un constat officiel. Mais il était alors à Kena, en voyage d'affaires, et ce fut l'inspecteur des Antiquités local, Ibraham Effendi, qui vint à sa place.

Grâce à de puissantes lampes électriques, il nous fut possible de faire une estimation plus précise de l'étendue de notre découverte. Notre premier objectif restait la porte scellée entre les statues. Là, une déception nous attendait. De loin, elle paraissait intacte, mais en l'examinant de plus près, nous nous aperçûmes qu'une petite brèche avait été pratiquée dans le bas, suffisamment large pour laisser passer un jeune garçon ou un homme de petite taille. Cette ouverture avait été rebouchée et scellée. Nous n'étions donc pas les premiers. Là encore, les voleurs nous avaient devancés, et il ne nous restait plus qu'à mesurer les dommages qu'ils avaient pu causer.

Ce n'était pas l'envie qui nous manquait d'enfoncer la porte pour en finir mais nous aurions risqué d'endommager des objets se trouvant dans l'antichambre. Nous ne pouvions pas non plus retirer ces objets, car il fallait absolument établir un plan et un dossier photographique avant de toucher à quoi que ce soit. Cela allait exiger un temps considérable, même si nous avions eu le matériel nécessaire — ce qui n'était pas le cas. A contrecœur, nous abandonnâmes l'idée d'ouvrir la porte avant d'avoir débarrassé l'antichambre de tout son contenu. Il était de notre devoir de dresser un inventaire complet de la première chambre. En outre, il fallait que nous ayons le champ libre pour procéder à l'ouverture de la troisième porte scellée, opération particulièrement délicate.

Ayant satisfait notre curiosité comme nous pouvions, nous nous retournâmes vers le contenu de l'antichambre. Il y avait là des centaines d'objets dont le plus insignifiant aurait comblé tous nos désirs dans d'autres circonstances. Nous en reconnaissions certains. Pour d'autres, nous ne pouvions que supputer leur nature d'après des fragments trouvés dans les autres tombes royales.

Notre découverte n'était étonnante que du point de vue de la quantité. La période à laquelle appartient la tombe est, à bien des égards, la plus intéressante de toute l'histoire de l'art égyptien. Nous nous attendions donc à trouver des merveilles. Nous étions loin, cependant, d'imaginer la vitalité étourdissante qui caractérisait certains de ces objets. C'était pour nous une véritable révélation, et ce premier examen superficiel suffit à nous persuader qu'une étude de ce matériel allait bouleverser toutes les idées reçues. Pour parvenir à une plus juste estimation, il faudra néanmoins attendre que nous ayons débarrassé toute la tombe et qu'il nous soit possible de contempler l'ensemble des trésors qu'elle recèle.

Tous les grands objets et la plupart des petits portaient le nom de Toutankhamon. Et c'était encore son sceau qui était imprimé sur la troisième porte. Il y avait donc toutes les chances pour que la momie qui devait reposer derrière cette porte fût aussi la sienne. Nous en étions encore à nous extasier et à nous interpeller les uns les autres à chacune de nos trouvailles, lorsque nous fîmes une autre découverte. Sous le lit qui se trouvait le plus au sud, un trou irrégulier avait été creusé dans le mur. C'était une autre porte scellée, et elle aussi avait été forcée par les voleurs. Mais le trou, contrairement aux autres, n'avait pas été rebouché. Nous nous glissâmes sous le lit avec précautions. La porte donnait sur une autre chambre, plus petite que la première, mais plus encombrée encore.

L'état de cette pièce, que nous baptisâmes l'annexe, défiait toute description. Dans l'antichambre, il y avait eu au moins un semblant de rangement après le passage des voleurs. Ici, tout était resté tel qu'ils l'avaient laissé. Il ne fallait pas beaucoup d'imagination pour se les représenter au travail. L'un d'eux s'était glissé dans la chambre. Puis, en hâte mais systématiquement, il avait pillé son contenu, vidé les boîtes, rejeté certains objets pêle-mêle et en avait passé d'autres à ses complices, restés dans l'antichambre, pour qu'ils puissent mieux les examiner. Il avait exécuté sa tâche aussi consciencieusement qu'un tremblement de terre. Le moment venu de débarrasser cette chambre, il sera extrêmement difficile de décider par où commencer. Pour l'instant, nous n'avons pas encore essayé d'y pénétrer ; nous nous sommes contentés d'en sortir quelques objets. Elle aussi contient des merveilles. Les pièces qu'elle renferme sont souvent plus petites que celles de l'antichambre, mais d'une facture aussi soignée. Ecrivant ceci, j'en revois plusieurs — une boîte peinte, aussi jolie, semble-t-il que celle de l'antichambre — une magnifique chaise en ivoire, or, bois et cuir, des vases d'albâtre et de faïence, et un jeu en ivoire sculpté...

La découverte de cette seconde chambre tempéra notre exaltation. Jusque-là, nous n'avions pas encore eu le temps de réfléchir. A présent, nous commencions à entrevoir l'immensité de la tâche qui nous attendait et les responsabilités qu'elle entraînait. Ce n'était pas là une découverte ordinaire que nous pourrions inventorier en une saison de travail. Il n'existait pas non plus de précédent pour nous indiquer la marche à suivre. Pour tout dire, l'entreprise nous semblait surhumaine.

Nous avions été pris par surprise et nous n'étions absolument pas préparés à classer cette multitude d'objets, dont beaucoup étaient endommagés et nécessitaient un traitement avant qu'on puisse les déplacer. Il y avait mille problèmes à régler avant même de vider les chambres. Il faudrait faire venir des produits de conservation et des emballages adéquats ; prendre l'avis d'experts sur les traitements à appliquer aux objets abîmés ; construire ou trouver un laboratoire, un lieu sûr où l'on pourrait traiter les objets, les cataloguer et les emballer. Il faudrait encore dresser un plan à l'échelle et prendre des photographies pendant que tout était encore en place ; disposer, enfin, d'une chambre noire pour le développement des photos.

Avant tout, nous devions veiller à la protection de la tombe. Cela fait, nous pourrions exécuter nos plans l'esprit tranquille. Nous comprîmes aussi que cela ne nous prendrait pas une saison mais deux, trois, quatre peut-être. La grille en bois que nous avions posée à l'entrée du couloir était loin de constituer une protection suffisante, et je pris les dimensions exactes de la porte pour faire construire une solide grille en fer. Pour cela, comme pour bien d'autres raisons, il était indispensable que je me rende au Caire. Il fallait donc remblayer la tombe une nouvelle fois.

La nouvelle de la découverte s'était propagée à toute allure, et les rapports les plus fantaisistes étaient expédiés à l'étranger. On racontait, par exemple, que trois avions avaient atterri dans la Vallée pour emporter les trésors vers une destination inconnue. Pour mettre fin à ces rumeurs, nous décidâmes, dans un premier temps, d'inviter lord Allenby et les différents chefs des départements concernés à visiter la sépulture. Après quoi nous adresserions au *Times* un récit de la découverte.

Le 29, nous présentâmes officiellement la tombe à ceux qui avaient pu se déplacer. Etaient présents lady Allenby (lord Allenby avait été malheureusement retenu au Caire), Abd el-Aziz Bey Yehia, le gouverneur de la province, Mohamed Bey Fahmy, le Mamour du district et un certain nombre de notables égyptiens. Le 30, M. Tottenham, conseiller du ministère des Travaux publics, et M. Pierre Lacau, directeur général du Service des Antiquités, qui n'avaient pu venir la veille, procédèrent à une inspection officielle. M. Merton, le correspondant du *Times*, assistait également à l'ouverture officielle, et c'est lui qui envoya la dépêche qui suscita tellement d'émotion en Angleterre.

Le 3 décembre, après avoir barricadé l'entrée avec de solides planches, nous remblayâmes la tombe. Lord Carnarvon et lady Evelyn partirent le lendemain pour l'Angleterre ; ils projetaient de revenir plus tard dans la saison. Le 6, laissant à Callender le soin de veiller sur la tombe, je me rendis au Caire pour y chercher le matériel nécessaire. Mon premier souci concernait la grille en fer, et je la commandai dès le matin de mon arrivée, en me faisant promettre qu'elle serait livrée dans les six jours. Les autres achats me prirent plus de temps. J'achetai du matériel photographique, des produits chimiques, une automobile, des caisses de toutes dimensions, trente-deux balles de calicot, près de deux kilomètres d'ouate et autant de bandes chirurgicales, dont j'étais bien décidé à ne pas manquer.

Au Caire, j'eus le temps de souffler un peu et il m'apparut plus clairement encore que nous avions besoin d'aide. Et ceci, sur une grande échelle, si nous voulions que le travail soit fait correctement. Le plus urgent était de trouver un photographe, puisqu'on ne pouvait rien entreprendre tant que les objets n'avaient pas été photographiés sur place. Un jour ou deux après mon arrivée au Caire, j'avais reçu un télégramme de félicitations de M. Lythgoe, le conservateur du département des antiquités égyptiennes du Metropolitan Museum of Art de New York, qui possédait une concession à Thèbes, non loin de la nôtre. Dans ma réponse, je lui demandai assez timidement s'il serait possible de s'assurer les services de son photographe, M. Harry Burton. Je tiens à citer ici le télégramme qui me parvint aussitôt : « Ravi de pouvoir vous aider. N'hésitez pas à contacter Burton ou tout autre membre de notre équipe. »

Cette offre fut, par la suite, généreusement confirmée par les *Trustees* et le directeur du Metropolitan Museum. A mon retour à Louxor, je m'arrangeai avec mon ami, M. Winlock, le directeur des fouilles américaines, qui devait être le premier à souffrir de ces dispositions, non seulement pour que M. Burton vienne nous aider, mais aussi pour que MM. Hall et Hauser, les dessinateurs de leur expédition, se chargent du plan de l'antichambre et de son contenu. Un autre membre de l'équipe de New York, M. Mace, directeur des fouilles sur le site de Licht, était également disponible et, sur la suggestion de M. Lythgoe, il nous proposa ses services. C'est ainsi que quatre membres de l'équipe de New York furent partiellement ou intégralement associés au travail de la saison.

Sans cette aide généreuse, nous n'aurions pu mener à bien l'immense tâche qui nous attendait.

J'eus une autre chance. M. Lucas, le directeur du laboratoire de chimie du gouvernement égyptien, venait de prendre trois mois de congé avant de se retirer définitivement de la vie active. Il m'offrit obligeamment de mettre ses connaissances à notre service. Je m'empressai naturellement d'accepter. En outre, le Dr Alan Gardiner se proposa pour s'occuper des textes que nous pourrions découvrir, et le Pr Breasted, au cours de quelques visites, déchiffra les cartouches.

Le 13 décembre, la grille de fer était prête et je rentrai à Louxor. Le 15, tous les paquets étaient arrivés. Le 16, la tombe était de nouveau ouverte et, le 17, la grille de fer posée à l'entrée de l'antichambre. Le vrai travail commença le 18. Burton prit les premières photos, Hall et Hauser dressèrent le premier plan. Deux jours plus tard, Lucas arriva et se livra aussitôt à quelques expériences sur plusieurs objets.

Le 22, à la suite de multiples pressions, permission fut donnée à la presse, aussi bien européenne que locale, de visiter la tombe, ainsi qu'à plusieurs notables de Louxor, déçus de ne pas avoir été invités à l'ouverture officielle. Nous avions dû alors limiter les invitations parce qu'il était difficile d'assurer la sécurité des objets dans un espace aussi restreint. Le 25, Mace était là et, deux jours plus tard, photographies et plans étant suffisamment avancés, on retira le premier objet.

7

L'ANTICHAMBRE

L'antichambre ne mesurait pas plus de huit mètres sur trois mètres soixante et nous devions nous déplacer avec circonspection. Bien qu'on ait ménagé une petite allée centrale, il suffisait en effet d'un faux pas ou d'un mouvement brusque pour infliger des dommages irréparables aux objets fragiles qui nous entouraient.

Sur le seuil que nous devions enjamber pour pénétrer dans la pièce se trouvait une magnifique coupe d'albâtre semi-transparent, aux anses en forme de lotus supportant des génies accroupis, symbole de l'éternité. A droite, en entrant, un grand vase cylindrique en albâtre ; puis deux bouquets funéraires, l'un appuyé contre le mur, l'autre tombé par terre. Devant eux, attirant irrésistiblement l'œil, un coffre de bois peint, probablement l'un des plus précieux trésors artistiques de la tombe. L'extérieur, enduit et peint, est orné de scènes de chasse sur les versants du couvercle bombé, de scènes de bataille sur les grands panneaux. Sur les faces latérales, le roi est représenté sous l'aspect d'un lion, terrassant ses ennemis. Aucune description, aucune photographie, ne peut rendre la délicatesse des peintures, qui surpassent de loin tout ce que nous avons trouvé jusqu'ici en Egypte. Même sur l'original, il faut une loupe pour apprécier les plus petits détails, tels le pointillé de la fourrure des lions ou la décoration des harnais des chevaux.

Le plus étonnant, à propos de ces peintures, est que, si les motifs et la façon dont ils sont traités sont indiscutablement égyptiens, l'ensemble évoque autre chose, sans qu'on puisse s'expliquer pour autant d'où vient cette impression. On pense aux miniatures persanes, par exemple, ou à un Benozzo Gozzoli, peut-être à cause du motif floral gaiement colorié qui encadre les tableaux.

Le coffre renfermait un curieux bric-à-brac. Sur le dessus, se trouvait une paire de sandales en papyrus et en roseau et une robe entièrement décorée de perles et de pièces d'or. En dessous, il y avait d'autres robes, l'une d'entre elles brodée de trois mille rosettes d'or, trois paires de sandales de cour incrustées d'or, un chevet doré et divers objets. C'était le premier coffre que nous ouvrions, et la nature disparate de son contenu nous posa un problème considérable. Nous devions plus tard en découvrir la raison.

Au fond de l'antichambre, là, se trouvait la porte scellée tentatrice, flanquée, de chaque côté, des deux statues de bois grandeur nature dont nous avons parlé. Ces statues, si imposantes déjà lorsque nous les avions vues pour la première fois, à moitié cachées par d'autres objets, sont encore plus impressionnantes maintenant qu'elles se dressent seules, dans l'antichambre vide, devant la porte que nous avons ouverte. A l'origine, elles étaient enveloppées de linges qui devaient ajouter à l'effet saisissant. Il faut noter que ce mur, contrairement aux autres, est entièrement recouvert de plâtre et qu'après examen, il s'est avéré être une simple cloison.

Toute la longueur du mur ouest de l'antichambre était

occupée par les trois lits aux montants en forme d'animaux. Nous connaissions ces curieux meubles d'après les peintures de la tombe, mais nous n'avions encore jamais vu d'exemple. Le premier était orné de têtes de lions, le deuxième de têtes de vaches, et le troisième d'un curieux animal, mi-hippopotame mi-crocodile. Chacun se compose de quatre morceaux : le sommier proprement dit, fixé par des crochets aux flancs des animaux qui forment les deux traverses, et dont les pieds reposent sur un cadre rectangulaire. Comme c'est généralement le cas, ils sont pourvus d'un dosseret à leur pied et non à leur tête. Sur les lits et autour d'eux, serrés ou entassés les uns sur les autres, dans un équilibre précaire, se trouvaient divers objets dont nous ne mentionnerons ici que les plus importants.

Sur la couche à tête de lion, était posé un lit d'ébène et de cordes tressées. Sur son dosseret sculpté, reposait une collection de cannes finement décorées, des flèches et des arcs doubles. L'un de ces derniers, revêtu d'or, était orné de bagues et de motifs d'animaux en granulés d'une finesse presque inconcevable — un chef-d'œuvre d'orfèvrerie. Un autre arc double se terminait à chaque extrémité par le corps de deux captifs dont le cou servait d'entaille pour la corde. Entre le lit et la couche funéraire, se trouvaient quatre torchères en bronze et or, d'un style absolument nouveau, dont l'une avait encore sa mèche de lin posée sur une coupe à huile. Venaient ensuite un vase de libations en albâtre au décor charmant ; et, le couvercle posé de biais, un coffret aux panneaux incrustés de pierres bleues et d'or. Ce coffret — nous le découvrîmes plus tard, au laboratoire — contenait des objets précieux, parmi lesquels une robe de cérémonie en peau de léopard, semée d'étoiles d'or et d'argent et ornée d'une tête de léopard plaquée d'or et incrustée de verre coloré ; un très gros scarabée, magnifiquement travaillé, en or et lapis-lazuli ; une boucle de ceinture plaquée d'or et décorée de scènes de chasse en minuscules granulés ; un sceptre en or massif et lapis-lazuli ; des collerettes polychromes et des colliers de faïence. Dans un linge, étaient enroulées quelques bagues en or massif, dont nous reparlerons plus tard.

Sous la couche, par terre, un grand coffre en ébène, ivoire et bois rouge, contenait quelques petits vases d'albâtre et de verre et deux naos en bois noir, abritant chacun un serpent doré, emblème du dixième nom de la Haute-Egypte (Aphroditopolis). A quoi s'ajoutaient une délicieuse petite chaise d'enfant aux panneaux d'ébène, d'ivoire et d'or, deux tabourets pliants incrustés d'ivoire, et une boîte d'albâtre, colorée avec des pigments.

Une longue boîte en ébène et bois peint en blanc, supportée par un treillis, gisait sur le sol, au pied du lit. Là encore, son contenu était étrangement hétéroclite. Au-dessus, roulés en boule, se trouvaient des tuniques et des linges du roi ; au fond, des cannes, des arcs et un grand nombre de flèches dont on avait volé les pointes de métal. A l'origine, la boîte était destinée à contenir uniquement les cannes, les arcs et les flèches — ceux qu'elle renfermait encore comme ceux que nous avions trouvés sur le lit et d'autres dispersés dans la chambre. Une des cannes portait à son extrémité une paire de captifs, les bras liés et les pieds entrelacés, l'Africain sculpté dans l'ébène, l'Asiatique dans l'ivoire. De minuscules ailes de coccinelles irisées formaient la décoration d'une autre, et des écorces colorées ornaient le reste. Nous trouvâmes également un fouet en ivoire et quatre mesures. A la gauche de la couche funéraire, une table basse et une série de magnifiques pots d'onguent en albâtre ciselé.

Le deuxième lit, à têtes de vaches, était encore plus encombré. On avait posé dessus dans un équilibre instable, un autre lit de bois, peint en blanc, et par-dessus encore, une chaise de jonc d'une forme extraordinairement moderne ainsi qu'un tabouret en ébène et bois rouge. Sous le lit, pêle-mêle, un tabouret blanc, une curieuse boîte ronde plaquée d'ivoire et d'ébène et une paire de sistres dorés — instruments de musique qu'on associe généralement à Hathor, la déesse de la joie et de la danse[1]. L'espace central était occupé par une pile de boîtes de bois oblongues, contenant des offrandes animales.

Par terre, devant le lit, étaient posés deux boîtes en bois. Sur l'une d'elles se trouvaient une collerette et des bagues, un grand tabouret en jonc et un autre plus petit, en bois et jonc. Sur le couvercle de l'autre, un texte en écriture hiératique précisait qu'elle contenait dix-sept objets en lapis-lazuli. Nous trouvâmes à l'intérieur seize vases de libations. Le dix-septième gisait dans un autre coin de la chambre. Et aussi des tasses de faïence, une paire de boomerangs en électrum, recouverts à chaque extrémité de faïence bleue, un ravissant petit coffret d'ivoire sculpté, une passoire à vin en aragonite, un vêtement en lin brodé et la plus grande partie d'un corselet, jetés là, en vrac. Le corselet — que nous aurons l'occasion de décrire plus en détail —, composé de plusieurs milliers de pièces d'or, de verre coloré et de lapis-lazuli, se révélera

1. Ce ne sont là que deux des nombreux attributs de Hathor.

sans nul doute, une fois nettoyé et assemblé, une des plus belles parures qu'on avait jamais trouvées en Egypte.

Entre le deuxième et le troisième lit, couchée sur le côté, se trouvait une magnifique chaise en cèdre, délicatement sculptée et plaquée d'or.

Passons au troisième lit, flanqué de ses deux étranges animaux dont la bouche ouverte révélait des dents et une langue d'ivoire. Un grand coffre au couvercle rond, avec un cadre en ébène et des panneaux de bois peint en blanc y était posé, solitaire. Il contenait un certain nombre de sous-vêtements — pagnes, etc. — la plupart proprement pliés et roulés [1].

C'est sous ce lit que se trouvait un des grands trésors de la tombe — le plus précieux peut-être jusqu'ici : un trône, entièrement recouvert d'or, richement décoré de verre, de faïence et de pierres. Les pieds, en forme de félins, sont surmontés d'une tête de lion, fascinante de force et de simplicité. De magnifiques serpents couronnés et ailés forment les bras. Entre les montants qui soutiennent le dossier, se lovent six cobras protecteurs, sculptés dans le bois, dorés et incrustés. Mais c'est le panneau du dossier qui donne toute sa valeur au trône, et je n'hésite pas à affirmer que c'est la plus belle chose que j'ai jamais vue en Egypte.

La scène représente une des pièces du palais, délimitée par deux colonnes florales, une frise d'*uraei* (les cobras royaux) et un soubassement à redans. Le soleil darde ses rayons protecteurs sur les souverains. Le roi est assis sur un trône recouvert de coussins, dans une pose familière, un bras négligemment posé sur le dossier. Devant

1. Quand nous sommes entrés pour la première fois dans la tombe nous les avons pris pour des rouleaux de papyrus...

lui, se tient la jeune reine qui met la dernière touche à la toilette de son époux. Elle tient dans une main un petit flacon de parfum ou d'onguent et, de l'autre, elle enduit doucement son épaule ou ajoute une touche de parfum à la collerette du roi.

Les couleurs de la scène sont restées étonnamment vives. Le visage et les autres parties exposées du corps des souverains sont en pâte de verre rouge, et les coiffures en terre vernissée, turquoise. Les vêtements, plaqués d'argent noirci par le temps, jettent un éclat délicat. Les couronnes, collerettes, écharpes et autres détails ornementaux, sont incrustés de pâte de verre colorée, de terre vernissée, de cornaline et d'un élément jusqu'ici inconnu — du calcite fibreux translucide, souligné de pâte polychrome, qui ressemble au verre *millefiori*. Tout le reste du trône est plaqué de feuilles d'or. Dans son état original, l'or et l'argent fraîchement appliqués, le trône devait briller de tous ses feux. Sans doute eût-il paru excessif à un œil occidental, accoutumé aux ciels gris et aux teintes neutres. Aujourd'hui, un peu terni par le temps, il présente une harmonie de couleurs incomparable.

Sa valeur historique n'est pas moindre. Les scènes ici représentées illustrent parfaitement les hésitations politico-religieuses de l'époque. Dans la conception originale — témoins les rayons du disque solaire, terminés par des mains humaines — elles appartiennent au style amarnien. Mais les cartouches sont plus ambigus. Sur certains, le nom d'Aton a été martelé pour être remplacé par le nom d'Amon alors que sur d'autres, il est demeuré intact. Il est, pour le moins, curieux qu'un objet, si manifestement marqué par l'influence hérétique, ait été officiellement enterré ici, dans la place forte du culte d'Amon. Et il n'est peut-être pas indifférent qu'on ait retrouvé des fragments de linges qui devaient apparemment envelopper le dossier. Il semblerait que le retour de Toutankhamon à l'ancienne foi n'ait pas été entièrement dicté par la conviction, ou qu'il ait suffi de faire disparaître le nom d'Aton pour apaiser les esprits conservateurs. Peut-être aussi, le pharaon jugea-t-il ce trône trop précieux pour qu'on le détruise, et le cacha-t-il dans ses appartements.

Sur le siège du trône, reposait le tabouret pour les pieds. Il est fait de bois doré et de terre vernissée bleu foncé. Sur ses panneaux supérieur et latéraux sont représentés des captifs enchaînés et prosternés. C'était une convention très commune en Orient — « jusqu'à ce que tu foules aux pieds tes ennemis », chante le psaume — et il est plus que probable que, de temps à autre, la convention devenait réalité.

Devant le lit, se trouvaient deux autres tabourets, l'un en bois peint, l'autre en ébène, ivoire et or, avec des pieds sculptés en forme de tête de canard, et un siège incrusté d'ivoire évoquant la peau d'un léopard. Derrière, contre le mur sud de la chambre, venait d'abord un naos à doubles portes, fermées par des loquets d'ébène. Il est entièrement plaqué d'épaisses feuilles d'or, dont le décor en relief délicatement sculpté, représente des épisodes de la vie quotidienne des souverains. Dans toutes ces scènes, domine l'amitié entre mari et femme, la tendresse familière qui marque l'école amarnienne. Là encore, nous n'avons pas été surpris de trouver le nom d'Aton remplacé par celui d'Amon. A l'intérieur du tabernacle, un socle vide laisse penser qu'il devait contenir à l'origine une statuette, probablement en or massif, trop visible pour ne pas avoir attiré l'attention des voleurs. Nous découvrîmes également dans le tabernacle un collier d'énormes perles d'or, de cornaline, de feldspath vert et de pâte de verre bleue, auquel était suspendu un gros pendentif d'or en forme de déesse-serpent, très rare, ainsi que plusieurs morceaux du corselet dont nous avons déjà parlé.

A côté de ce petit naos, se dressait une statuette *schaouabti* du roi, sculptée, dorée et peinte et, un peu plus loin, une autre statue, très étrange, coupée à la taille et aux coudes. Elle est exactement grandeur nature et le corps, peint en blanc, semble revêtu d'une tunique. C'est sans doute un mannequin, sur lequel on devait ajuster les vêtements et les collerettes du roi. Citons encore un coffret à toilette et les fragments d'un dais, d'un matériau très léger, dont les éléments devaient s'emboîter rapidement les uns dans les autres pour abriter le roi du soleil pendant ses déplacements.

Des chars démontés, entassés en désordre, occupaient le reste du mur sud et tout le pan est jusqu'à l'entrée. Les voleurs les avaient visiblement malmenés pour s'emparer des revêtements d'or. Mais ce n'était pas la seule raison de leur dégradation. En effet, le couloir était beaucoup trop étroit pour les laisser passer. Aussi avait-on délibérément scié les axes en deux et démonté les roues.

Ils nous faudra énormément de temps pour restaurer ces chars, mais le résultat en vaudra certainement la peine. Ils sont entièrement plaqués de feuilles d'or, et chaque pouce de leur surface est orné soit de décor en relief, sculpté sur l'or lui-même, soit d'incrustations de pâte de verre colorée ou de pierres fines. Le bois est en bon état et ne devrait pas exiger une restauration compliquée. Quant aux harnais des chevaux et autres pièces en cuir, c'est une autre histoire. Le cuir non tanné s'est transformé, sous l'effet de l'humidité, en une vilaine pâte noirâtre. Par chance, ces parties en cuir sont presque toutes recouvertes d'or et, à partir de ce revêtement bien préservé, nous espérons les reconstituer sans trop de difficultés. A côté des chars démontés, on trouvait encore des jarres d'albâtre, des cannes et des arcs, des sandales de perles, des paniers et quatre chasse-mouches en crins de cheval avec des manches à tête de lion en bois doré.

Si nous avons fait le tour complet de l'antichambre, nous sommes loin d'en avoir épuisé toutes les richesses. Sur les six ou sept cents objets qu'elle contenait, nous en avons à peine mentionné une centaine. Seul un catalogue complet pourra donner une idée correcte de l'étendue de la découverte. Nous devons nous contenter ici d'une description relativement sommaire des objets principaux et réserver une étude détaillée des objets pour des publications plus tardives. Il faudra des mois, peut-être des années de travail pour reconstituer tous les objets. Enfin, nous n'avons vu jusqu'à présent qu'une seule chambre. D'autres attendent de nous livrer leur mystère, et je veux croire que nous allons y trouver des trésors plus fabuleux encore.

8

ON VIDE L'ANTICHAMBRE

En débarrassant l'antichambre, nous avions l'impression de jouer à un gigantesque jeu de jonchets. Les objets étaient si nombreux qu'il était extrêmement difficile d'en déplacer un sans courir le risque d'endommager les autres. Dans certains cas, ils étaient même si inextricablement emmêlés qu'il fallait construire tout un réseau de supports avant de pouvoir retirer celui que nous voulions. C'était un véritable cauchemar. Il nous fallait mesurer chacun de nos gestes et nous n'étions jamais certains que tel ou tel objet fût assez solide pour supporter son propre poids. Certains étaient en parfait état de conservation, d'autres gravement détériorés et, à chaque fois, le problème se posait de savoir s'il valait mieux appliquer le traitement de préservation à l'objet sur place ou au laboratoire. Dans la mesure du possible, nous adoptions cette dernière solution. Mais il était parfois indispensable de traiter l'objet sur place, si nous ne voulions pas qu'il disparaisse entre nos mains.

Une paire de sandales décorées de perles, par exemple, avait l'air d'être en parfait état. En fait, les fils étaient complètement pourris, et il aurait suffi de les toucher pour qu'elles s'effritent aussitôt. Il n'y avait donc qu'une seule solution : un réchaud à alcool, de la paraffine qu'on laissait durcir pendant une heure ou deux d'attente, et on pouvait manier les sandales sans problème. Les bouquets funéraires n'auraient pas non plus résisté au moindre contact. Soumis à trois ou quatre vaporisations de celluloïd, ils pouvaient être emballés sans trop de dommage. Chaque objet posait un problème différent et nous avions souvent besoin de toute notre expérience pour décider de la marche à suivre.

C'était un travail lent, qui mettait nos nerfs à rude épreuve, et chacun de nous se sentait porteur de lourdes responsabilités. C'est là un sentiment que connaît bien chaque fouilleur, s'il a un tant soit peu de conscience professionnelle. Les objets qu'il trouve ne sont pas sa propriété. Il ne peut les traiter comme il l'entend, ni les négliger. Il n'est qu'un intermédiaire privilégié. Et si, par manque de soin, par paresse ou par ignorance, il restreint la somme d'informations qu'on aurait pu tirer de ses découvertes, il se rend coupable du crime archéologique le plus grave. Rien n'est plus facile que la destruction de ces témoignages du passé. Rien n'est plus irréversible. Fatigué ou pressé par le temps, il peut ruiner en quelques secondes une chance peut-être unique d'enrichir la culture de l'humanité.

Trop de gens — y compris malheureusement, des archéologues — semblent penser que l'objet acheté dans un magasin d'antiquités est aussi précieux que celui qu'on trouve en fouillant et que, tant que l'objet en question n'est pas nettoyé, répertorié et placée dans une vitrine de musée, il ne mérite aucune étude. Rien n'est plus faux. Le travail sur le terrain est d'une importance capitale et il est bien certain que si toutes les fouilles avaient été effectuées correctement, l'archéologie égyptienne serait

Sceau de la Nécropole.

Le chien couché, image du roi défunt à l'issue des transformations pour la renaissance, domine la représentation des neuf ennemis traditionnels de l'Egypte, symbole de tous les obstacles à vaincre.

La Vallée des Rois
où a été découvert le tombeau
de Toutankhamon
(photo Roger Viollet).

Howard Carter.

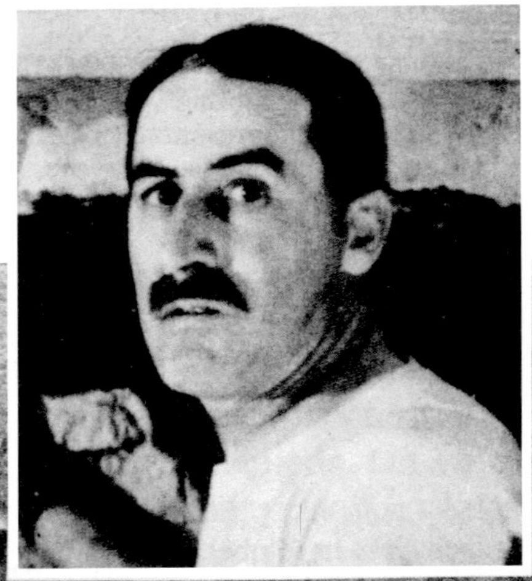

Howard Carter travaille
avec son équipe de fouilleurs.

Lord Carnarvon.

Ouverture des portes
d'une des chapelles dorées.

Au fond du couloir,
un lit funéraire.

Dans l'antichambre,
des chariots dorés démontés.

Deux statues de bois, grandeur nature, montent la garde
de chaque côté de la porte murée de la chambre funéraire.

Sur le seuil de
« la chambre du trésor »,
posée sur
un coffre en bois,
la statue, peinte en noir,
du jeune chien Anubis.

Transport d'un buste
de Toutankhamon.
A droite, Carnarvon.

Howard Carter
et Lord Carnarvon.

Howard Carter, en compagnie de J.H. Breasted, H. Burton, A. Lucas, H.R. Callender, AC. Mace et Alan Gardiner, déjeune dans une tombe de la Vallée des Rois.

Enlèvement d'une génisse en bois de l'hypogée de Toutankhamon en présence de Carter (photo Roger Viollet - collection Viollet).

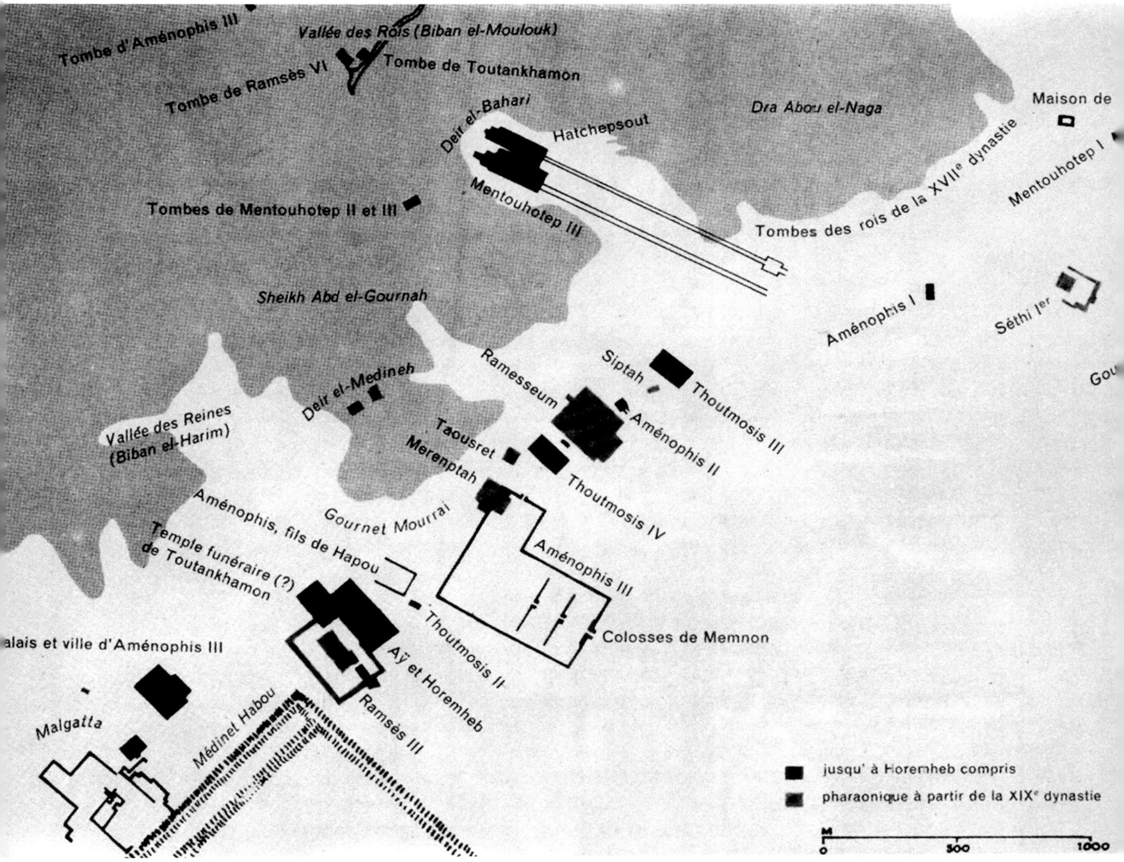

Emplacement des tombeaux dans la Vallée des Rois et la Vallée des Reines.

Les équipes de fouilleurs se préparent à sortir les momies des sépultures.

Sarcophage en bois, plaqué d'or et incrusté de pâtes de verre,
à l'image d'Osiris momifié. Il contenait le sarcophage d'or massif

deux fois plus riche. Il y a, dans les caves des musées, d'innombrables objets laissés à l'abandon qui auraient pu nous fournir des informations précieuses si on connaissait leur provenance, et des milliers de caisses remplies de fragments à présent sans valeur, qu'on aurait pu reconstituer si, au moment de leur découverte, on avait pris la peine de noter quelques explications.

On peut donc imaginer ce que nous ressentions. Nous avions eu le privilège de mettre à jour la tombe la plus riche qu'on ait jamais trouvée : nous devions nous montrer à la hauteur de notre tâche.

L'idée qu'on puisse piller la tombe était une source permanente d'angoisse. Toute la campagne environnante était en pleine effervescence depuis la découverte. Les histoires les plus extravagantes circulaient sur les trésors que renfermait la sépulture et nous ne pouvions exclure que quelqu'un essaie d'y pénétrer à la nuit tombée. Trois équipes, répondant chacune à une autorité différente, montaient donc la garde jour et nuit dans la Vallée : des membres du Service des Antiquités du gouvernement, des soldats fournis par le Moudir de Kena, et les ouvriers les plus honnêtes de notre équipe. Nous avions, en outre, posé une solide grille de bois à l'entrée du couloir et une bonne grille de fer devant l'antichambre, chacune fermée par quatre chaînes cadenassées. Les clés étaient en permanence en possession d'un membre particulier de l'équipe européenne, qui ne s'en séparait jamais, même pour les prêter à un collègue. Quant aux petits larcins qui auraient pu être commis, nous les évitions en nous réservant le droit exclusif de manipuler les objets.

L'état de certains objets nous plongeait aussi dans les affres les plus noires. Leur préservation dépendait totalement de nos soins, et il y avait des moments où notre cœur cessait de battre. Nous avions encore d'autres sources d'inquiétude — les visiteurs, par exemple. Mais j'y reviendrai. J'ai bien peur que, lorsque nous aurons terminé de débarrasser l'antichambre, nos nerfs ne soient dans un état lamentable. Et je ne parle pas de notre humeur. Mais voilà que j'imagine déjà le travail achevé, alors que nous venons à peine de commencer.

Il fallait, avant toute chose, prendre une série de photographies panoramiques pour fixer l'apparence générale de la chambre. Nous disposions en tout et pour tout, pour nous éclairer, de deux projecteurs portatifs d'une puissance de trois mille *candela*. Le temps d'exposition était évidemment assez long, mais la lumière était beaucoup plus uniforme qu'avec un flash — procédé dangereux dans une chambre si encombrée. Heureusement pour nous, non loin de là, se trouvait une tombe vide, sans décoration : la cachette d'Akhénation découverte par Davis. C'est là que Burton s'établit avec son matériel, après que nous eûmes obtenu du gouvernement la permission de l'utiliser comme chambre noire. Ce n'était pas extraordinairement pratique, mais sa proximité permettait à Burton d'aller développer ses photos sans déplacer son appareil. En outre, ses allées et venues d'une tombe à l'autre devaient être une bénédiction pour les visiteurs groupés devant la tombe, car ce fut pratiquement, cet hiver, le seul spectacle qui leur fût permis.

Les photos prises il fallut adopter une méthode efficace pour enregistrer la place de chaque objet, afin de savoir plus tard exactement de quelle partie de la tombe ils provenaient. Nous les avions tous numérotés, mais cela n'indiquait pas forcément leur position. Autant que possible, les numéros devaient suivre un ordre particulier, en commençant par l'entrée et en faisant systématiquement le tour de l'antichambre, mais nous savions que nous allions nécessairement trouver des objets encore invisibles, et qu'il faudrait numéroter à leur tour. Nous tournâmes la difficulté en photographiant les objets numérotés par petits groupes, de sorte que tous les numéros apparaissent au moins une fois sur une photographie. Ainsi, en faisant plusieurs tirages, nous pouvions placer, avec les notes accompagnant chaque objet, une photo rappelant la position qu'il occupait dans la tombe.

Mais où entreposer ce que nous allions retirer de l'antichambre ? Trois choses étaient absolument essentielles. D'abord, nous avions besoin de beaucoup de place. Il y avait des boîtes à déballer, des notes et des mesures à prendre, des réparations à effectuer, des expériences à réaliser. Il nous fallait donc des tables et de l'espace. Ensuite, il était indispensable que cet endroit soit à l'abri des voleurs, car, à mesure que nous allions y transporter les objets, le laboratoire deviendrait aussi dangereux que la tombe elle-même. En dernier lieu, nous devions avoir la paix ! Ce dernier impératif peut sembler moins évident que les autres, mais nous craignions — et les événements de l'hiver devaient nous donner raison — d'être constamment dérangés.

Tous ces problèmes furent finalement résolus quand le gouvernement nous donna la permission de nous installer dans la tombe de Séthi II. Nous ne pouvions rêver mieux. Ce n'est pas une tombe très visitée et sa position, à l'extrémité de la Vallée, répondait parfaitement à notre propos. Comme elle était la seule dans les environs, nous pouvions, sans gêner qui que ce soit, fermer le chemin qui y conduisait et nous assurer ainsi une paix royale.

Cet endroit possédait encore d'autres avantages. D'abord, les hautes falaises qui l'entourent font que le soleil n'y pénètre jamais. La tombe restait donc relativement fraîche, même pendant les grandes chaleurs de l'été. Ensuite, le terre-plein devant l'entrée était bien dégagé, nous pûmes y installer plus tard un atelier photographique et une menuiserie en plein air. Nous manquions tout de même un peu d'espace. En effet, la tombe était si longue et si étroite que tout notre travail devait se faire au niveau supérieur, la partie inférieure servant uniquement d'entrepôt. La tombe avait aussi l'inconvénient d'être située assez loin du terrain des opérations. Mais enfin, nous disposions d'un espace raisonnable, et nous étions tranquilles. Nous le fûmes plus encore après avoir fait poser une grille de fer d'une tonne et demie à l'entrée.

Il n'empêche que nous étions loin de tout et que, si nous venions à manquer de matériel, il faudrait du temps pour nous réapprovisionner. Les magasins du Caire satisfaisaient la plupart de nos besoins, mais, avant la fin de l'hiver, nous avions épuisé leurs stocks de produits chimiques et nous ne pouvions nous en procurer d'autres qu'en Angleterre. Il fallait donc s'en soucier à l'avance pour ne pas retarder notre travail.

Le 27 décembre, tous nos préparatifs étaient terminés. Nous pouvions commencer à vider la tombe. Nous nous étions réparti le travail. Burton prenait d'abord des photos des groupes d'objets numérotés. Hall et Hauser se chargeaient alors de faire le plan à l'échelle de la chambre, chaque objet étant dessiné en projection. Callender et moi établissions ensuite les premières notes et supervisions le transport des objets jusqu'au laboratoire. Là, Mace et Lucas les enregistraient, notaient leurs particularités en détail et s'occupaient de les traiter et de les restaurer.

Nous sortîmes d'abord le coffre de bois peint. Puis, opérant du nord au sud, et remettant à plus tard de nous attaquer à l'enchevêtrement des chars, nous dégageâmes peu à peu les grands lits à têtes d'animaux. Chaque objet était placé sur une sorte de civière rembourrée et attaché avec des bandages. Pour éviter une double manipulation, nous les laissions presque toujours sur leur civière respective. Lorsque nous en avions chargé un nombre suffisant — une fois par jour, en moyenne —, nous les faisions partir en convoi, sous escorte, jusqu'au laboratoire.

C'était le moment qu'attendaient les visiteurs, agglutinés autour de la tombe. Aussitôt, jaillissaient les calepins des reporters, cliquetaient les appareils photographiques, et il fallait littéralement se frayer un chemin dans la foule pour pouvoir passer. Je crois bien qu'on a gâché plus de pellicule dans la Vallée cet hiver-là que n'importe où ailleurs depuis l'invention de la photographie. Un jour, nous eûmes besoin, au laboratoire, d'un morceau de linge de momie pour faire des expériences. Il fut photographié huit fois avant de nous parvenir sur une civière !

Le retrait et le transport des objets les plus petits ne posèrent pas de difficultés particulières. Mais il en fut tout autrement quand on arriva aux grands lits et aux chars. Chaque lit se composait de quatre éléments : les deux montants formés par le corps et la tête des animaux, le sommier proprement dit, et la base dans laquelle s'ajustaient les pieds des animaux. Ils étaient manifestement trop larges pour passer à travers le couloir et on avait dû les assembler sur place. On voyait d'ailleurs des raccords autour des joints. Il était évident que, pour les sortir de la tombe, nous devions les démonter à nouveau. Ce n'était pas chose facile, car, après trois mille ans, les crochets de bronze s'étaient enfoncés profondément dans les encoches. Il fallut se mettre à cinq pour y arriver. Deux d'entre nous soutenaient la partie centrale du lit, deux autres tenaient les montants, pendant que le cinquième dégageait doucement les crochets à l'aide d'un levier.

Même démontés, les montants restaient encombrants, et ce n'est qu'avec d'infinies précautions qu'on réussit à sortir tous les morceaux sans accident et à les emballer aussitôt dans les boîtes que nous avions préparées juste à l'entrée de la tombe.

Le plus compliqué fut le déménagement des chars. De construction fragile, ils avaient considérablement souffert du traitement que leur avaient infligé les pillards. On avait dû démonter les roues et scier les axes pour les faire entrer dans la tombe et, après le passage des voleurs, on avait empilé toutes les parties les unes sur les autres sans grand soin. Pour compliquer encore les choses, les harnais de cuir non tanné s'étaient transformés en une pâte visqueuse qui avait coulé sur les chars eux-mêmes et les objets environnants. Heureusement, je l'ai dit, nous avions, pour les reconstituer, les ornements d'or qui les recouvraient.

Il nous fallut sept semaines pour vider l'antichambre. On imagine notre soulagement qu'aucun désastre ne se soit produit au bout du compte. Un ciel menaçant nous tint pourtant dans l'angoisse pendant deux ou trois jours.

Il semblait bien que nous n'échapperions pas à l'un de ces puissants orages qui éclatent de temps en temps à Thèbes. La pluie alors se déverse à torrent et, si l'orage persiste, le lit de la Vallée se transforme en une véritable rivière. Rien n'aurait pu empêcher que notre tombe soit inondée. Par bonheur, les nuages s'éloignèrent, et nous ne reçûmes que quelques gouttes de pluie. Certains correspondants se plurent à broder sur les conséquences désastreuses qu'aurait pu avoir cet orage. Cela nous valut un télégramme assez obscur, envoyé sans doute par un adepte zélé des sciences occultes qui nous conseillait « pour éviter d'autres ennuis, de verser sur le seuil du lait, du vin et du miel ». Mais comme nous n'avions ni vin, ni miel, nous n'avons pu suivre ces directives... En dépit de notre négligence, nous n'avions pas, jusque là, provoqué la colère des dieux !

Au cours de nos travaux, nous devions recueillir de plus amples informations sur les pillards qui avaient, avant nous, forcé les portes de tombeau.

D'abord, grâce aux sceaux imprimés sur la première porte, nous savions que le vol avait eu lieu quelques années seulement après l'enterrement du roi. Mais nous savions aussi que les voleurs étaient entrés dans la tombe au moins deux fois. En effet les fragments de poterie et d'objets trouvés dans l'escalier et le couloir de la tombe, prouvaient qu'au moment de la première tentative le couloir était vide. Il est possible, par conséquent, que ce premier vol ait eu lieu juste après les cérémonies funéraires. A la suite de quoi, le couloir avait été bouché. Ce qui explique que la seconde fois, les voleurs aient dû creuser un tunnel dans le coin supérieur gauche de ce remplissage. Ils avaient apparemment pénétré dans toutes les chambres de la tombe, mais leur tunnel étant étroit, ils n'avaient pu dérober que des objets relativement petits.

Par ailleurs, ce qui nous avait tout de suite frappés, c'était la différence entre l'état de l'antichambre et celui de l'annexe. Le désordre le plus complet régnait dans cette dernière. On ne savait où mettre les pieds. On aurait dit que les pillards avaient tout retourné, puis tout laissé en plan. Pour l'antichambre, il en allait tout autrement. On y voyait bien un certain désordre, mais comme organisé et, si nous n'avions pas constaté nous-mêmes que les portes avaient été ouvertes, on aurait pu imaginer, à première vue, qu'on avait simplement entassé les objets sans beaucoup de soin lors de la cérémonie funéraire.

Cependant, en commençant à débarrasser l'antichambre, nous nous étions rapidement aperçus que cet ordre était tout relatif, et qu'on s'était contenté d'un rapide rangement après le passage des voleurs. Des morceaux d'un même objet furent retrouvés dans différents coins de la chambre. D'autres, qui auraient dû être rangés dans des boîtes, étaient éparpillés un peu partout. Sur le couvercle d'une boîte, on avait déposé une collerette florale. Derrière les chars démontés, dans un endroit inaccessible, se trouvait le couvercle d'une boîte qui était, elle, près de la porte intérieure. Bref, il était clair que les voleurs avaient tout autant bousculé les objets ici que dans l'annexe, mais qu'on était venu ranger après eux.

Nous en eûmes la certitude définitive en ouvrant les coffres. Ainsi, dans la longue boîte blanche trouvée au nord de la chambre, les cannes, les arcs et les flèches qui la remplissaient à moitié étaient recouverts de vêtements ayant appartenu au roi. Pourtant, on avait volé les pointes de fer des flèches et quelques-unes traînaient encore sur le sol. D'autres cannes et des arcs qui, de toute évidence, appartenaient eux aussi à cette boîte, étaient également éparpillés dans la chambre. Un autre coffre contenait des vêtements brodés qui étaient roulés avec plusieurs paires de sandales. L'ensemble était si serré que l'attache en métal d'une des sandales avait percé la semelle de cuir et pénétré celle d'une autre. Dans une autre boîte encore, on avait fourré pêle-mêle des bijoux, des statuettes et des vases de libations en terre vernissée. Certaines avaient perdu la moitié de leur contenu ou ne renfermaient plus que des bouts de tissu.

Sur quelques-unes, des textes énumérant leur contenu initial prouvent bien qu'elles avaient été visitées puisqu'une seule renfermait encore tout ce qui était mentionné. Il s'agissait de « dix-sept objets en lapis-lazuli », des vases de libations. Seize d'entre eux s'y trouvaient toujours ; le dix-septième gisait par terre, à quelque distance.

Ces listes nous étaient infiniment précieuses, car elles devaient nous permettre de replacer les objets éparpillés dans leurs boîtes d'origine et de savoir exactement ce qui nous manquait. Ainsi pourrons-nous sans doute reconstituer ce corselet de lapis-lazuli, d'or et de pierres incrustées. Il se composait en effet d'un pectoral et d'une collerette dont on a retrouvé la plus grande partie dans la boîte aux dix-sept objets, et le reste éparpillé dans d'autres boîtes et jusque sur le sol. Rien, cependant, ne nous indique encore son coffre d'origine.

Toujours est-il que nous pouvons maintenant reconstituer la trame de l'histoire. Une brèche fut d'abord pratiquée dans le coin supérieur gauche de la première porte scellée, juste assez large pour permettre le passage d'un homme. Puis, en se passant des paniers de terre, les pillards creusèrent le tunnel. Sept ou huit heures de travail durent suffire pour les amener à la seconde porte scellée. Un dernier effort et les voilà dans la place. C'est alors que, dans la demi-obscurité, le pillage commença. Les hommes cherchaient de l'or, mais encore fallait-il qu'ils puissent l'emporter. On imagine le supplice que cela dut être pour eux de voir tout cet or étinceler sur des objets qu'ils ne pouvaient pas sortir et qu'ils n'avaient pas le temps de dépouiller. Dans la faible lumière, ils ne pouvaient sans doute pas toujours distinguer le vrai du faux, et plus d'un objet qu'ils prirent à première vue pour de l'or massif dut se révéler par la suite simplement doré à la feuille d'or. Pour gagner du temps, ils ont renversé toutes les boîtes et les coffres. Mais nous ne saurons jamais avec précision la nature exacte de leur larcin. Néanmoins, dans leur précipitation, ils négligèrent de prendre plusieurs objets en or massif. Nous sommes en tout cas certains qu'ils ont emporté la statuette du petit naos doré puisque nous avons retrouvé le pilier dorsal avec l'empreinte des pieds de la statuette encore visible. Il semble bien qu'elle était en or massif, probablement similaire à la statuette en or de Thoutmosis III, à l'image d'Amon, qui figure dans la collection Carnarvon.

Après l'antichambre, les voleurs se tournèrent vers l'annexe qu'ils visitèrent aussi consciencieusement. C'est alors seulement qu'ils se dirigèrent vers la chambre funéraire et percèrent la porte scellée qui la séparait de l'antichambre. Nous constaterons plus tard l'étendue des dégâts mais il semble qu'ils aient été finalement moins importants que dans les chambres précédentes. Peut-être ont-ils été surpris dans cette phase de leur travail. Nous avons, en tout cas, trouvé un indice qui permet de le penser.

Décrivant les objets de l'antichambre, j'ai signalé que l'une des boîtes contenait quelques bagues en or enveloppées dans un linge. C'était exactement le genre de choses — précieuses et faciles à emporter — qui pouvait attirer un voleur.

Comment se fait-il, alors, qu'il ait laissé ce précieux paquet dans la tombe ? Ce n'était pas le genre de fardeau susceptible d'entraver sa fuite. Nous sommes donc presque forcés de conclure que les malfaiteurs ont été surpris dans la tombe ou interceptés dans leur fuite — poursuivis, en tout cas, avec le produit de leur pillage sur eux. Cela expliquerait que soit resté dans la tombe un certain nombre d'autres bijoux de valeur qu'il était pourtant impossible de ne pas remarquer.

Quoi qu'il en soit, le vol fut rapporté en haut lieu, et l'on vint enquêter sur place et réparer les dommages. Mais pour une raison qui nous échappe, les dignitaires étaient aussi pressés que les voleurs et bâclèrent leur travail, laissant l'annexe dans l'état où ils l'avaient trouvée, sans même prendre la peine de reboucher le trou de la porte. Dans l'antichambre, ils ramassèrent les objets qui jonchaient le sol et les fourrèrent — il n'y a pas d'autre mot — dans les coffres sans chercher à les trier. Certaines boîtes furent remplies à ras bord, d'autres laissées à moitié vides, et, sur l'un des lits, ils déposèrent deux tas de vêtements dans lesquels ils avaient enveloppé divers objets. Ils ne prirent pas non plus la peine de ramasser les cannes, les arcs et les flèches, mais jetèrent sur une boîte une collerette florale démantelée et des bagues de terre vernissée. Quant aux sandales de perles, pourtant fragiles, elles furent retrouvées par nos soins, chacune dans un coin. Les plus grands objets furent repoussés sans ménagement le long des murs ou entassés les uns sur les autres. A l'évidence, on ne fit preuve d'aucun respect pour les objets ni pour le roi auquel ils avaient appartenu. On peut même s'interroger sur le pourquoi de ce rangement, si c'était pour le faire aussi mal. Reconnaissons toutefois qu'ils ne se sont livrés à aucun larcin, alors que rien ne leur aurait été plus facile. La meilleure preuve en est qu'ils ont replacé dans leurs coffrets des objets précieux peu encombrants et aisément dissimulables.

Une fois l'antichambre vaguement remise en ordre, le trou de la porte intérieure fut rebouché, plâtré et scellé. Puis, ils firent de même avec la porte de l'antichambre, remblayèrent le tunnel creusé par les voleurs et rebouchèrent la porte extérieure. Nous ne connaissons pas les mesures qui furent prises pour empêcher de nouvelles effractions, mais on a probablement enterré l'entrée de la tombe pour la rendre invisible. Une situation politique plus stable a peut-être contribué à empêcher le pillage pendant un certain temps, mais à long terme, seule l'ignorance de son emplacement pouvait sauver la tombe d'autres expéditions de ce genre. Une chose est certaine : entre le moment où l'on a rebouché ces portes et celui de notre découverte, aucune main n'a plus brisé les sceaux de la sépulture.

9

LES VISITEURS ET LA PRESSE

Que l'archéologie se trouve soudain sous les feux de la rampe, c'était une expérience nouvelle et assez égarante pour la plupart d'entre nous. Nous avions toujours été profondément requis par notre travail, mais sans jamais espérer provoquer plus que quelques questions polies de la part des non-spécialistes. Et voilà que, tout à coup, le monde entier s'intéressait à nous. On envoyait les plus grands correspondants pour nous interviewer, enregistrer nos moindres mouvements et tenter de percer nos prétendus secrets. C'était un peu stupéfiant, assez gênant, et nous nous demandions parfois comment et pourquoi tout cela a commencé.

Il faut croire qu'au moment de la découverte, le public en avait assez d'entendre parler de dommages de guerre, de conférences, de partages d'influence et désirait un nouveau sujet de conversation. L'idée d'un trésor enterré depuis des millions d'années, est bien faite, aussi, pour exciter les imaginations. Mais quelle qu'en soit la raison, ou l'ensemble des raisons, il apparut rapidement que, une fois la première dépêche envoyée au *Times*, rien ne pourrait plus détourner les projecteurs que la publicité avait braqués sur nous. Nous n'avions plus qu'à nous en accommoder.

Nous eûmes bientôt un aperçu de ce que pouvait coûter la gloire. Dès les premiers jours, des télégrammes nous parvinrent de tous les coins du globe. Au bout d'une semaine ou deux, les lettres suivirent. Ce fut un véritable déluge de correspondance, et qui n'a guère cessé depuis. Et quelle étonnante littérature ! Des félicitations aux offres de service, en passant par les requêtes de souvenirs (ne fût-ce que quelques grains de sable), les offres d'argent les plus fantastiques (du cinéma à la haute couture), les conseils sur la préservation des antiquités et sur les moyens d'apaiser les mauvais esprits, les coupures de presse, les tracts, les communications farfelues, les accusations de sacrilège, les revendications de parenté. « Vous êtes certainement le cousin qui vivait à Camberwell en 1893, et dont nous n'avons plus de nouvelles depuis... » — nous fûmes submergés au rythme de dix à quinze lettres par jour pendant tout l'hiver. Nous en avons un sac plein, qui pourrait donner matière à une étude psychologique intéressante, si nous n'avions pas mieux à faire. Que dire, par exemple, de cette personne qui s'enquiert solennellement de l'influence de notre découverte sur les atrocités belges au Congo ?...

Il y avait aussi nos amis, les journalistes, accourus dans la Vallée et qui consacraient toute leur énergie à dissiper la solitude ou l'ennui que cet endroit désertique aurait pu faire naître en nous. Chacun se devait — à lui et à son journal — d'obtenir des informations quotidiennes et ils faisaient leur travail avec tant de diligence que nous fûmes soulagés d'apprendre que lord Carnarvon avait décidé de confier toute la question de la publicité au seul *Times*.

Le problème le plus sérieux que notre brusque notoriété nous posait était l'irrépressible attirance que la tombe exerçait sur les visiteurs. Ce n'est pas que nous voulions absolument travailler dans le secret, ni que nous soyons farouchement opposés au tourisme. En fait, il n'y a rien de plus agréable que d'expliquer son travail à des gens qui l'apprécient. Mais, à mesure que le temps passait, nous nous apercevions que, si nous laissions faire, nous allions passer toute la saison à nous donner en spectacle sans avancer notre travail d'un pouce. Sans nul doute, nous venions d'ouvrir un nouveau chapitre dans l'histoire de la Vallée. Des visiteurs, elle en avait toujours connu, mais jusqu'ici, c'était pour explorer une tranche d'histoire, pas pour se rendre à une garden-party. Livres en main, ils visitaient consciencieusement autant de tombes que le temps ou leur guide le leur permettait, déjeunaient à toute allure et se précipitaient pour aller digérer d'autres merveilles. Cet hiver-là, guides et horaires furent négligés, et nombre de sites archéologiques importants délaissés. La tombe les attirait comme un aimant. Dès les premières heures du jour, le pèlerinage commençait. Ils arrivaient, juchés sur des ânes, en charrettes, en voitures à chevaux, et s'installaient à leur aise pour la journée.

Autour du niveau supérieur de la tombe courait un mur bas ; c'est là que chacun s'établissait, attendant que quelque chose se passe. Bien entendu, la plupart du temps, il ne se passait rien. Mais leur patience était inébranlable et ils restaient là, lisant, parlant, tricotant, photographiant la tombe et se photographiant les uns les autres. Grande était l'excitation quand la rumeur s'élevait qu'on allait sortir quelque chose. Livres et tricots étaient prestement abandonnés et tous les appareils photographiques se braquaient sur l'entrée de l'hypogée. La foule était telle, certains jours, que nous avions peur que le mur ne cède sous son poids. Je suppose, en effet, qu'il devait être impressionnant, de là-haut, de voir des objets aussi étranges que les lits en forme d'animaux passer peu à peu de l'obscurité à la lumière du jour. Nous qui les portions avions bien trop à faire pour y penser, mais le silence étonné qui nous accueillait, puis les exclamations qui fusaient, nous faisaient prendre conscience de l'effet produit.

Nous n'avions évidemment pas d'objection à la présence de ceux qui se contentaient de nous observer du haut du muret. Chaque fois que c'était possible, nous laissions même les objets à découvert sur les civières pour qu'ils puissent les voir. Mais il y avait les autres, ceux auxquels, pour une raison ou une autre, nous devions faire visiter la tombe elle-même. Cette dernière contrainte était si insidieuse que, pendant longtemps, aucun d'entre nous n'en mesura l'inévitable résultat : notre travail n'avançait plus.

Au début, naturellement, nous avions reçu les officiels des départements concernés. Ceux-là étaient véritablement les bienvenus. De même, nous étions toujours heureux de recevoir d'autres archéologues. Nul n'aurait songé à leur contester le droit de visiter la tombe, et nous étions ravis de leur montrer notre découverte dans ses moindres détails. Jusque-là, pas de difficulté. Les ennuis commencèrent avec les innombrables lettres d'introduction écrites par nos amis — nous ne savions pas, jusque-là, à quel point ils étaient nombreux — par les amis de nos amis, par des gens que nous connaissions effectivement et d'autres qui nous étaient totalement inconnus. Ou encore, pour des raisons diplomatiques, par des ministres ou les directeurs des différents départements du musée du Caire. Sans parler des introductions écrites par les intéressés eux-mêmes, qui s'ingéniaient à nous démontrer combien il serait peu raisonnable de leur refuser. Un individu particulièrement ingénieux intercepta même un télégraphiste qu'il persuada de lui céder sa place afin d'avoir un prétexte pour nous approcher. Visiter la tombe était devenu une véritable obsession parmi les touristes et, dans les hôtels de Louxor, on ne parlait que de cela. Ceux qui avaient vu la tombe s'en vantaient ouvertement et pour ceux qui n'avaient pas eu ce privilège, c'était devenu une véritable affaire de prestige que d'y parvenir. La chose avait pris une telle ampleur que certaines agences américaines proposaient à leurs clients un voyage en Egypte spécialement pour voir la tombe !

On imagine la difficulté de notre position. A qui devions-nous autoriser la visite, à qui la refuser sans craindre d'offenser les susceptibilités ? Il nous fallait pourtant prendre une décision, car notre travail en souffrait de plus en plus. Finalement, nous choisîmes la fuite. Dix jours après l'ouverture de la porte scellée, la tombe fut remblayée, le laboratoire fermé et pendant une semaine, on n'entendit plus parler de nous. L'idée était bonne. Quand nous reprîmes le travail, la tombe elle-même était irrévocablement enterrée et la consigne de n'admettre aucune visite au laboratoire fut strictement respectée.

On nous a accusés de manquer de considération, de faire preuve d'égoïsme, de grossièreté et de bien d'autres choses. C'est pourquoi je me dois ici d'exposer clairement les difficultés que ces visites nous causent.

D'abord, la présence de nombreux visiteurs crée un danger réel pour les objets, danger que nous n'avons pas le droit de leur faire courir. La tombe est petite et encombrée et, tôt ou tard — cela s'est produit plus d'une fois l'année dernière — il arrive que quelqu'un fasse un faux pas ou un mouvement trop brusque qui entraîne des dommages irréparables. Ce n'est pas la faute du visiteur, qui ignore l'emplacement exact ou l'état des objets. C'est la nôtre, pour l'avoir laissé entrer. Et, malheureusement, plus il est intéressé et enthousiaste, plus il est probable qu'il provoquera des catastrophes. En outre, en admettant même que nous n'ayons à déplorer aucun incident, le passage de nombreuses personnes soulève la poussière, ce qui, en soi, n'est pas bon pour les objets.

Voilà donc le premier danger. Le second, dû à la perte de temps qu'occasionnent les visites, n'est pas aussi immédiatement apparent, mais il est peut-être encore plus grave. Allons, dira-t-on, ce n'est pas la petite demi-heure que vous consacrez à chaque personne qui va vous gâcher une saison de travail ! Sans doute — si cette demi-heure ne se répétait pas dix fois dans la même journée. Dix visites. c'est tout simplement cinq heures. Beaucoup plus, en fait, car il est difficile, entre deux visites, de se remettre véritablement au travail. Et c'est toute une journée que nous perdons. Au cours de la saison dernière, il n'est pas rare que nous ayons eu dix groupes le même jour, et si nous avions accepté toutes les demandes, cela nous aurait pris des semaines entières. L'hiver dernier, nous avons finalement consacré un quart de notre saison aux visites, ce qui nous a obligés à prolonger nos travaux d'un mois pendant la saison chaude. Et je prie de croire que le soleil égyptien du mois de mai n'incite pas au travail.

Mais là encore, plus que notre confort personnel, c'est la sécurité des objets qui est en jeu. Ils sont, en effet, extrêmement sensibles aux changements de température et, dans le cas présent, il est évident que certains objets furent affectés par les nettes différences existant entre l'atmosphère confinée de l'antichambre, la température extérieure variable et la sécheresse de la tombe que nous utilisons comme laboratoire. Il était extrêmement important qu'on procède à leur traitement le plus vite possible et, dans certains cas, il fallait surveiller de près leur réaction aux produits chimiques. Il n'est pas besoin d'insister sur le danger que représentaient les interruptions à ce stade de notre travail. Qui demanderait à un chimiste d'interrompre une expérience délicate pour faire visiter son laboratoire ? Comment réagirait un chirurgien si on le distrayait un milieu d'une opération ? Que dirait un homme d'affaires si, tous les jours, il devait montrer ses bureaux à des curieux ?

En archéologie comme ailleurs, nous avons besoin d'un minimum de considération. Est-ce parce que nous travaillons dans des régions presque désertiques, et non dans des villes industrieuses, qu'on nous accuse de grossièreté quand nous n'admettons pas d'être dérangés ? Il semble bien que pour la plupart des gens, l'archéologie ne constitue pas un véritable métier, mais une sorte de passe-temps pour touristes argentés. Chacun sait du reste qu'un fouilleur n'a pas autre chose à faire que de payer des autochtones pour faire le travail à sa place et de se dorer au soleil pendant que ses compatriotes meurent de froid... Il est vrai que nombre d'archéologues dilettantes, travaillant rarement de leurs propres mains et le plus souvent absents lors des grandes découvertes, ont contribué à établir cette opinion ! En réalité, la vie du fouilleur est le plus souvent monotone et laborieuse.

Mais je me suis laissé entraîner beaucoup plus loin que je n'en avais l'intention. C'est que ce sujet nous tient tous à cœur. Nous avons là un matériel unique, et si nous voulons l'exploiter de la meilleure façon, il est absolument essentiel qu'on nous laisse travailler en paix. Si au moins tous nos visiteurs étaient de véritables passionnés d'archéologie... Mais la plupart d'entre eux ne sont attirés que par la curiosité ou par le snobisme. Ils veulent uniquement pouvoir en parler à leurs amis une fois rentrés chez eux ou se gausser des touristes plus infortunés qui n'ont pas réussi à se faire introduire. Enfin, qu'y a-t-il de plus insupportable, quand on est absorbé par une tâche difficile, que de consacrer une demi-heure de son temps à un individu qui a usé de toute son influence pour obtenir de pénétrer dans la tombe, et de l'entendre déclarer à voix haute en sortant : « En fin de compte, il n'y avait pas grand-chose à voir ! »

La saison prochaine, en tout cas, les visites seront nécessairement plus rares. Il sera, en effet, impossible d'entrer dans la chambre funéraire, puisque les échafaudages occuperont chaque pouce du sol. Et le démantèlement du naos, section par section, est une opération trop délicate pour souffrir la moindre interruption. Nous nous proposons donc de ne traiter dans le laboratoire qu'un seul objet à la fois, que nous emballerons et expédierons dès que nous en aurons fini avec lui. Nous avons déjà envoyé six caisses au musée du Caire et nous supplions les touristes de passage en Egypte de s'en contenter. Ils peuvent aussi venir voir l'extérieur de la tombe. Ceux qui éprouvent pour l'archéologie un véritable intérêt seront les premiers à comprendre que cette requête est raisonnable. Les autres, les curieux, les oisifs, qui considèrent notre travail comme un spectacle, et Toutankhamon comme un sujet de conversation à la mode, ne méritent ni attention ni considération. Quelles que soient les découvertes que nous réserve la prochaine saison, nous espérons pouvoir les traiter avec le respect et la dignité qui leur sont dues.

10

LE TRAVAIL EN LABORATOIRE

Nous savons donc qu'un fouilleur passe son temps à se dorer au soleil, en regardant les autres travailler pour lui, et que de temps à autre, pour soulager son ennui, on lui apporte, des pleins paniers d'objets arrachés aux entrailles de la terre... En fait, rares sont ceux qui savent en quoi consiste ce métier. C'est pourquoi il me semble utile d'en indiquer au moins les grandes lignes avant d'aborder notre travail en laboratoire.

Et d'abord, il n'y a jamais de paniers remplis d'objets qu'on apporte aux archéologues. La première règle, et la plus importante, en matière de fouilles, est que l'archéologue doit exhumer chaque objet de ses propres mains. Beaucoup en dépend. Outre le problème des dommages que pourraient causer des mains maladroites, il est en effet essentiel de voir l'objet sur place, la position qu'il occupe et la relation qu'il peut avoir avec les objets avoisinants, constituant autant d'informations capitales. De cette façon, par exemple, on a toutes les chances de pouvoir dater un objet. Combien d'articles dans les musées portent simplement la mention : « datant probablement du Moyen Empire », alors qu'on aurait pu déterminer avec exactitude la dynastie, voire le règne auxquels ils appartenaient. On peut, de même, définir l'emploi d'un objet particulier ou récolter des indices qui permettront de le reconstituer.

Considérons, par exemple, les minuscules fragments de silex dentelés qu'on trouve en grande quantité dans les sites urbains du Moyen Empire. Il est possible de deviner leur usage et les exposer dans les musées avec la notice : « Fragments de silex de faucille. » Mais cela n'aura pas beaucoup d'intérêt. Que faire, d'autre part, si on trouve une faucille intacte, comme cela m'est arrivé, mais que sa partie en bois est dans un état tel qu'elle va s'effriter au moindre contact ? En la traitant sur place et en la manipulant avec précautions, on pourra peut-être parvenir à extraire la faucille intacte ou si elle est trop enfoncée, on pourra au moins prendre ses mesures et noter sa forme pour en faire réaliser une copie. Dans les deux cas, on obtiendra un objet mille fois plus précieux, archéologiquement parlant, que la poignée de silex auquel il se serait réduit autrement. Ce n'est là qu'un exemple de l'importance du travail sur le terrain ; nous en aurons d'autres, plus frappants, à rapporter, quand nous en arriverons aux diverses catégories de matériel.

Une dernière chose. En notant la position exacte d'un objet ou groupe d'objets, on se procure les moyens de trouver ailleurs un objet similaire. C'est le cas, notamment, pour les dépôts de fondations. Dans chaque construction, l'arrangement des dépôts suit un ordre régulier et, quand on en a trouvé un, il est assez simple de découvrir les autres.

Un fouilleur doit donc voir les objets tels qu'on les a trouvés ; il doit prendre des notes détaillées avant de les déplacer et, si nécessaire, appliquer un traitement pour les préserver, au moins temporairement, à l'endroit même où on les a découverts. Il est donc extrêmement important de ne pas s'éloigner du site. Pendant que le travail se fait, il faut être sur le terrain toute la journée et à toute heure du jour, les ouvriers doivent savoir où vous trouver pour vous communiquer sans délai la moindre découverte.

Si la trouvaille est intéressante, vous le saurez avant même qu'on vienne vous le dire. La nouvelle, en effet, se propage instantanément — surtout en Egypte — et produit un curieux effet sur l'équipe de travail. Le chantier devient plus silencieux. Les chants s'arrêtent, les conversations baissent d'un ton. Quand il s'agit d'une découverte moins importante, le comportement de l'homme qui vous apporte le message vous met tout de suite la puce à l'oreille. Il est exclu qu'il vienne directement vous dire ce qu'il a trouvé. Il se promène d'un air important, pour bien montrer à tout le monde qu'il est porteur d'un secret considérable et vous entraîne finalement à l'écart pour vous communiquer les nouvelles. Même à ce moment-là, il vous sera difficile d'obtenir de lui plus qu'une vague description, et ce n'est que lorsque vous aurez atteint l'endroit en question que vous saurez exactement de quoi il retourne. Toute cette mise en scène tient au goût qu'ont les Egyptiens du mystère pour le mystère. Le même homme racontera en détail toute l'histoire à ses amis à la première occasion, mais cela fait partie du jeu de prétendre qu'ils ne doivent rien savoir sur le moment. Mais cela s'explique aussi par l'excitation. Non pas que l'ouvrier porte un véritable intérêt aux objets eux-mêmes, mais parce qu'il les considère comme une monnaie d'échange. La plupart des fouilleurs appliquent en effet le système du *bakchiche*; c'est-à-dire qu'en plus de leur salaire, ils récompensent leurs ouvriers, à chaque objet qu'ils trouvent. Ce n'est pas un arrangement idéal, mais il comporte deux avantages: d'une part, les ouvriers ne sont pas tentés d'empocher les objets, en particulier les petits, facilement dissimulables, lesquels peuvent vous être extrêmement précieux pour les datations. D'autre part, leur zèle en est stimulé et ils se montrent plus soigneux dans la manipulation de leurs trouvailles, la récompense étant proportionnée non à la valeur de l'objet, mais à son intégrité.

Voilà quelques-unes des raisons, parmi tant d'autres, qui rendent la présence sur le terrain indispensable. Et même lorsqu'on ne trouve rien de très remarquable, il ne faut pas croire qu'on puisse rester oisif. D'abord, chaque tombe, chaque construction, chaque mur en ruine, doit être noté et lorsqu'il s'agit de tombes creusées dans le roc, cette étude demande pas mal de gymnastique. Leur profondeur peut varier de trois à trente-cinq mètres, et j'ai calculé un jour qu'au cours d'une seule saison, j'avais grimpé à la force des bras huit cents mètres de corde. Puis, il y a les photos à prendre. Chaque objet de valeur doit être photographié avant d'être déplacé et, le plus souvent, il faut en prendre plusieurs séries pour enregistrer les différents stades du déblaiement. On gaspille ainsi quelques pellicules mais, quand un problème se pose, le moindre négatif peut devenir un document précieux. Il est également essentiel de photographier l'objet sous tous les angles, et c'est peut-être là le travail le plus fastidieux du prospecteur. Il m'est personnellement arrivé de prendre cinquante photos d'un même objet et de les développer dans la journée.

Toutefois, il est préférable, dans la mesure du possible, que ces différents aspects du travail — notes et photographies — soient confiés à plusieurs experts. Le responsable général aura alors le temps de se consacrer à ce qui est certainement l'aspect le plus délicat des fouilles ; il pourra « jouer avec son travail », comme l'a si bien dit un confrère.

N'importe quel site archéologie recèle des énigmes, et ce n'est qu'en examinant le terrain minutieusement, en le contemplant sous tous les angles, en le scrutant sous toutes les lumières, qu'on peut arriver à les résoudre. La signification d'un complexe de murs, la restauration d'une construction ou la modification du plan original, l'importance d'un changement de niveau, la portée de certaines particularités dans les débris de surface ou dans la stratification d'un monticule — telles sont, parmi d'autres, les questions qui se posent au professionnel, et c'est sur sa capacité à y répondre qu'on jugera de sa qualité.

Il lui faudra aussi réfléchir longuement à l'organisation générale du travail et assurer ainsi de considérables économies de temps et d'argent. Quelles sommes n'a-t-on pas englouties par manque de méthode ! Combien de fouilleurs ont dû passer au crible leurs propres déblais parce qu'ils avaient négligé d'établir un plan de travail ! La répartition des ouvriers sur le terrain, par exemple, doit faire l'objet d'une grande attention. Il faut déterminer où et quand leur présence est nécessaire et ne pas en mettre trop sur le même endroit, si l'on veut que le travail avance uniformément. Le nombre d'ouvriers qu'un archéologue peut surveiller dépend, évidemment, des conditions de travail. Dans le cas d'une entreprise à grande échelle, plus ou moins improductive, telle que le déblaiement de pyramides, il peut faire appel à une main-d'œuvre illimitée. S'il travaille sur des hypogées, il peut contrôler une cinquantaine d'hommes environ, alors que dans des tombes moins profondes — un cimetière pré-dynastique, par exemple — dix ouvriers occuperont toute son attention.

Mais il est encore beaucoup d'autres travaux qui rempliront les heures de repos et les soirées du chercheur. les notes, l'enregistrement des objets, doivent être mis à jour régulièrement. Il faut développer les pellicules, tirer les photos, garder un dossier des négatifs et des tirages. Il faut aussi réparer les objets cassés, traiter ceux qui sont en mauvais état, envisager des restaurations, reconstituer un collier ou une broderie en perles. On pourrait allonger cette liste indéfiniment. Elle comprend d'ailleurs des activités qui n'ont plus qu'un lointain rapport avec l'archéologie, comme tenir les livres de compte, soigner les hommes, arbitrer leurs disputes. Les ouvriers ont un jour de congé par semaine et au début de la saison, le fouilleur peut croire qu'il va en profiter lui aussi. Mais il lui faut très vite renoncer à cette idée, car cette journée lui donne l'occasion de régler mille détails en retard.

Voilà, en gros, à quoi ressemble la vie d'un fouilleur. Mais certains détails, en particulier tout ce qui a trait à l'enregistrement et la préservation des différents objets, ne peuvent manquer d'intéresser le lecteur. C'est pourquoi j'aimerais m'attarder un peu sur le travail en laboratoire tel que nous avons pu le pratiquer la saison passée.

Les parties en bois, par exemple, sont rarement en bon état. L'humidité et la fourmi blanche sont leurs principaux ennemis, et il n'en reste souvent qu'un tas de poussière noirâtre ou une coquille fragile qui s'effrite au premier contact. Dans le premier cas, on ne peut pas faire grand-chose d'autre que noter dans le dossier que l'objet en question possédait une partie en bois. Mais dans le second, il demeure un certain nombre d'informations à glaner. On peut en effet prendre des mesures, ou bien enregistrer les restes d'une inscription qui vous donnera le nom du propriétaire, et fixer ainsi ce qu'un souffle de vent, un attouchement léger effaceront à jamais.

Il se peut aussi qu'une pièce en bois ait été décorée d'ivoire, d'or ou de faïence, matières qui résistent plus facilement au temps. Dans ce cas, si l'on prend soin de noter la position de cette décoration et qu'on essaie d'agencer les différentes parties, il est souvent possible de déterminer la taille et la forme exactes de l'objet. En appliquant ensuite la décoration sur un nouveau cadre en bois, au lieu d'une collection inutile de fragments d'ivoire, d'or et de faïence on obtiendra un objet parlant. De plus — à moins qu'il ne soit au dernier stade de la décomposition — il est toujours possible de préserver le bois en lui appliquant de la paraffine fondue. Un objet appelé à tomber en morceaux peut ainsi devenir parfaitement solide et maniable.

Naturellement, l'état du bois varie avec le site. Louxor, à cet égard, est très privilégié. Les ennuis de cet ordre rencontrés dans la tombe ne viennent pas de l'état de conservation, mais du rétrécissement du matériau consécutif au changement d'atmosphère. Cela ne constitue pas un problème sérieux pour un objet en bois simple, mais les Egyptiens aimaient à appliquer une fine couche d'enduit qu'ils peignaient ou recouvraient de feuilles d'or. Or, lorsque le bois se rétracte, la couche d'enduit se gondole, et on peut perdre ainsi des parties importantes de la surface. Il est tout à fait possible de fixer la peinture ou la feuille d'or sur l'enduit, mais les produits de conservation ordinaires ne fixent pas l'enduit au bois. Là encore, il faut recourir à la paraffine.

L'état des tissus varie lui aussi considérablement. Dans certains cas, on jurerait que les vêtements viennent d'être tissés. D'autres, par contre, prennent, sous l'action de l'humidité, la consistance de la suie. Dans la tombe de Toutankhamon, la difficulté était accrue à la fois par le traitement brutal qu'ils avaient subi et par le fait que nombre d'entre eux étaient décorés de rosettes d'or et de perles. Or, les décorations de perles posent en elles-mêmes un problème compliqué et mettent à rude épreuve la patience de l'archéologue.

Les Egyptiens adoraient les perles et il n'est pas rare de trouver sur une seul momie plusieurs colliers, deux ou trois collerettes, une ou deux gaines et de multiples bracelets de poignets et de chevilles. Dans ce cas, plusieurs milliers de perles ont été utilisées. Il faut alors s'armer de patience, car pour récupérer et restaurer ces ornements, il faut manipuler au moins deux fois chaque perle. La reconstitution de l'arrangement initial des perles exige un travail minutieux. Les fils qui les relient sont, en général, pourris, mais la plupart du temps, elles n'ont pas été dérangées, et il est possible, en enlevant doucement la poussière qui les recouvre, de suivre le collier ou la collerette sur toute sa longueur, et de connaître ainsi l'ordre exact des perles. On peut aussi procéder sur place au réenfilage des perles, au fur et à mesure qu'on dénude chaque section (j'ai travaillé une fois avec douze aiguilles à la fois sur un seul ornement) ou, mieux encore, transférer les perles une par une sur un morceau de carton enduit de pâte à modeler, ce qui permet de laisser des vides pour les perles manquantes ou douteuses.

Pour les ornements les plus élaborés, il n'est pas possible d'enfiler les perles comme on les trouve. Il faut d'abord relever soigneusement leur place pour les réenfiler ensuite, non pas dans l'ordre exact, perle par perle, mais selon le modèle et le dessin originaux. C'est un travail fastidieux qui exige de multiples expériences avant de trouver la méthode correcte. Dans le cas d'une collerette, il peut être nécessaire, d'enfiler chaque perle sur trois fils indépendants pour que les rangs se mettent bien en place. Quand on veut reconstituer un objet, il faut quelquefois fabriquer les parties manquantes ou cassées. Il m'est arrivé de trouver une série de bracelets dans lesquels les rangées de perles étaient séparées par des barres de bois perforées et recouvertes de feuilles d'or. Bien entendu, le bois avait totalement disparu, mais le revêtement d'or existait toujours. Je coupai donc de nouvelles barres de bois à sa mesure, les trouai avec une aiguille rougie à blanc et les couvris des coquilles d'or originales. Ce genre de restauration, fondée sur des preuves indiscutables, est parfaitement légitime et justifie largement la peine qu'on se donne. Au lieu d'un plateau de perles sans intérêt ou, pire encore, d'une reconstitution arbitraire, on obtient ainsi un objet d'une grande valeur archéologique.

Quant aux papyrus, ils sont souvent difficiles à manier, et l'on a commis à leur égard des crimes impardonnables. S'ils sont en assez bon état, il faut les envelopper dans un tissu humide pendant quelques heures ; on peut alors sans problème les mettre à plat sous un verre. Il ne faut pas traiter les rouleaux déchirés ou cassants qui se brisent dès qu'on les déroule, à moins d'avoir à sa disposition du temps et de l'espace. Un travail soigneux et systématique permettra de replacer correctement presque tous les fragments, alors qu'un triage décousu, effectué entre deux autres tâches ou par des mains différentes, n'aboutira jamais à un résultat satisfaisant.

La pierre, en général, présente peu de difficultés. Le calcaire contient presque toujours du sel, qu'on peut extraire, mais c'est un problème qu'il est loisible d'aborder plus tard, au musée. Il en va de même pour la faïence, les poteries et les objets métalliques, qui n'ont pas besoin d'être traités sur place.

On conçoit qu'il soit indispensable de procéder à des relevés détaillés à chaque étape de ce travail préliminaire. En fait, on ne prend jamais assez de notes. Une chose qui vous paraît claire sur le moment ne le restera pas forcément quand viendra le temps de travailler sur le matériel rassemblé. En ce qui concerne les tombes, il faut prendre autant de notes que possible pendant que les objets sont encore en place. Et quand on commence à les retirer, il faut toujours avoir sous la main un carnet et un crayon, de manière à pouvoir noter immédiatement toutes ses réflexions. On croit toujours pouvoir le remettre à plus tard, puis une autre idée vous vient à l'esprit et on oublie la première.

Passons maintenant au laboratoire, où nous aurons l'occasion de mettre en pratique certaines des théories que nous venons de formuler. On se rappelle qu'on nous avait donné la permission d'utiliser la tombe de Séthi II. Comme elle était longue et étroite, nous ne pouvions utiliser que la première chambre, l'autre partie servant d'entrepôt. A mesure que les objets nous parvenaient, ils étaient déposés dans la section centrale, toujours sur leurs civières respectives. On les apportait ensuite un par un dans la chambre de travail, où, après avoir enlevé la poussière qui les recouvrait, on les mesurait, on établissait des relevés complets et on recopiait les inscriptions sur des cartons. Puis venaient la restauration et l'application des traitements de conservation. Après quoi, on les portait devant l'entrée pour les photographier. Enfin, l'objet était rangé au fond de la tombe en attendant l'emballage définitif.

Dans la majorité des cas, on n'essayait pas de leur appliquer un traitement définitif. C'est, en effet, un travail qui peut prendre des mois, des années, même, si l'on veut qu'il soit bien fait. La seule chose que nous pouvions faire sur place était de les restaurer suffisamment pour leur permettre de supporter le voyage jusqu'au Caire. Nous n'étions ni outillés ni assez avertis pour nous livrer aux restaurations définitives.

A mesure que la saison avançait, le laboratoire devenait de plus en plus encombré, et le travail se compliquait. Ce n'est qu'en déployant une attention de tous les instants et en respectant une stricte procédure, que nous arrivâmes à nous épargner bien des ennuis. Chaque objet entrant portait un numéro qui était ensuite noté dans un livre où l'on consignait également toutes les étapes de son traitement. Mais il fut bientôt nécessaire d'établir un système de sous-numérotation. Une boîte numérotée, par exemple, pouvait contenir cinquante objets, et chacun d'eux devait être identifiable à tout instant. Nous les distinguions par une lettre de l'alphabet ou, si c'était nécesaire, par une combinaison de lettres. Il fallait constamment veiller à ce que ces petits objets ne perdent pas leur « carte d'identité », surtout lorsqu'ils devaient suivre un traitement prolongé. Il arrivait souvent que les différentes parties d'un même objet, trouvées éparpillées dans la tombe, portent deux ou trois numéros et se voient par suite attribuer deux ou trois fiches explicatives. Ces fiches terminées, étaient classées dans des casiers et, à la fin de la saison, nous avions ainsi l'histoire complète de chaque objet de la tombe. C'est-à-dire :

1. Mensurations, dessins à l'échelle et relevés archéologiques ;
2. Notes du Dr Alan Gardiner sur les inscriptions ;
3. Notes de M. Lucas sur le traitement de préservation employé ;
4. Une photographie montrant l'emplacement de l'objet dans la tombe ;
5. Une photographie ou une série de photographies à l'échelle de l'objet lui-même ;
6. Dans le cas des boîtes, une série de vues, montrant les différentes étapes du transvasement des objets qu'elles contenaient.

Voyons maintenant les problèmes techniques posés par le traitement de certains objets. Le magnifique coffre peint, en particulier, nous en offrait toute une série. A l'exception d'un léger jeu dans les joints, dû à la déshydratation, le bois avait l'air en parfait état. L'enduit s'était un peu écaillé aux coins et le long des fissures, mais il était encore solide, et la peinture, bien qu'un peu décolorée par endroits, semblait tenir. Apparemment, le coffre ne nécessitait pas un traitement compliqué. On le nettoya donc, on réduisit la décoloration avec de l'essence et on arrosa toute sa surface avec du celluloïd en solution dans de l'acétate d'amyle, en accordant une attention particulière aux endroits délicats autour des fissures, pour fixer l'enduit au bois. Il nous sembla sur le moment que ce traitement serait suffisant. Mais au bout de trois ou quatre semaines, nous constatâmes que les fissures s'élargissaient et que l'enduit avait tendance à se gondoler. L'explication était simple: étant passé de l'atmosphère humide de la tombe à l'air sec du laboratoire, le bois avait commencé à se rétracter une fois de plus et l'enduit se détachait. Nous risquions donc de perdre des morceaux entiers de la surface peinte. Il fallait faire quelque chose et, après maintes discussions, bien qu'incertains du résultat, nous nous décidâmes à employer de la paraffine. Par chance, la cire pénétra bien l'enduit et le bois qu'elle réunit fermement. Au lieu d'en être affectées, comme nous le craignions, les couleurs semblaient même plus brillantes qu'avant. Nous réutilisâmes, par la suite, ce procédé sur d'autres objets de bois enduit, et nous en fûmes toujours satisfaits. Il est important, dans ce traitement, que la surface de l'objet soit chaude et la cire presque à ébullition — sans quoi elle refroidit trop vite et ne pénètre pas les matériaux. Nous ne disposions pas de four, mais le soleil égyptien était assez puissant pour faire l'affaire. On enlevait ensuite le surplus de cire à la chaleur ou à l'essence. Autre avantage de ce procédé, il permet également d'aplatir les cloques de l'enduit quand la cire est encore chaude. Dans les cas les plus difficiles, il est nécessaire d'emplir la cloque de cire chaude au moyen d'une pipette.

Cela pour l'extérieur du coffre. Restait l'intérieur. C'était toujours pour nous un moment particulièrement émouvant que celui où on soulevait le couvercle des différentes boîtes. Nous ne savions jamais ce que nous allions y trouver, les officiels égyptiens, dans leur hâte, n'ayant pas respecté le rangement initial. On se fera une idée de la difficulté de l'entreprise quand on saura qu'il m'a fallu trois semaines de travail pour arriver au fond du coffre. Sur le dessus, à droite, nous vîmes d'abord une paire de sandales en papyrus et jonc en parfait état. En-dessous, un chevet doré et, plus bas encore, une masse confuse de vêtements, d'or et de cuir, dont nous ne savons encore que faire. Sur la gauche, roulée en boule, une magnifique robe royale et, dans le coin supérieur, des perles en résine noire de forme grossière. Cette robe nous posa longtemps un problème. Comment traiter des tissus qui s'effritaient au moindre contact et qui, cependant, portaient de lourdes décorations ? Dans ce cas particulier, la robe était entièrement recouverte de perles de faïence et de sequins d'or. A l'origine cousus sur le vêtement, ceux-ci s'étaient détachés et beaucoup s'étaient complètement renversés quand les fils qui les retenaient s'étaient rompus. Le bas de la robe était orné de petites perles de verre coloré qui formaient un dessin. La partie supérieure du vêtement avait l'air encore assez solide, mais, quand on essayait de la soulever, elle tombait en morceaux. Quant à la partie inférieure, qui avait été en contact avec d'autres objets, elle était dans un état encore plus déplorable.

Le fait que les vêtements trouvés dans la tombe aient été entassés n'importe comment dans les coffres compliquait notre tâche. Posés à plat ou correctement pliés, ou même laissés par terre, là où les voleurs les avaient jetés, il aurait peut-être été relativement plus facile de s'en occuper. Mais rien ne pouvait être pire que de les avoir entassés, écrasés ainsi avec les objets les plus incongrus.

En ce qui concerne cette robe, il aurait été parfaitement

simple de la solidifier et de l'enlever en un seul morceau. Mais il y avait plusieurs objections à cette méthode. D'abord, nous risquions d'endommager ce qui pouvait se trouver en dessous, et qui pouvait se révéler encore plus précieux. Ensuite, en procédant de la sorte, nous réduisions sérieusement nos chances de connaître jamais sa taille et sa forme, pour ne rien dire des détails de l'ornementation. Nous étions donc obligés de sacrifier l'un ou l'autre, la décoration ou le vêtement. Il aurait été possible, en appliquant certains produits, de conserver de grands pans de la robe, mais nous aurions aussi dérangé et abîmé l'ornementation de perles qui se trouvait en dessous. D'un autre côté, en sacrifiant la robe, c'est-à-dire en la retirant soigneusement morceau par morceau, nous pouvions reconstituer la décoration. C'est la solution que nous adoptions en général. Plus tard, au musée, il serait toujours possible de couper des vêtements de la même taille, sur lesquels on appliquerait les perles et les sequins. Cela nous semblait beaucoup plus utile que de nous retrouver avec quelques bouts de tissu irréguliers et des poignées de perles et de sequins en vrac.

On pouvait estimer assez exactement la taille de la robe d'après l'ornementation. De la bande de perles qui bordait l'ourlet de la robe, et dont nous avions noté les moindres détails, pendait, à intervalles réguliers, une série de perles auxquelles étaient attachées des pendeloques. Il suffisait donc de multiplier l'espace entre les cordelettes de perles par le nombre de pendeloques pour obtenir la circonférence de l'ourlet, laquelle nous donnait la largeur du vêtement. Il était également possible de calculer la surface totale de la décoration d'après le nombre de sequins utilisés. En divisant cette surface par la circonférence connue, on obtenait une estimation approximative de la hauteur. Cela impliquait évidemment que la robe ait partout la même ampleur, ce qui était loin d'être improbable, puisque nous avions trouvé quelques vêtements sans décoration coupés de cette manière.

On me pardonnera une aussi longue digression ; il me semble qu'elle était nécessaire pour bien montrer la nature des problèmes que nous devions résoudre. Retournons maintenant au coffre peint pour explorer son contenu en détail.

Nous retirâmes d'abord les sandales de jonc. Elles étaient dans un excellent état de conservation et ne soulevaient donc pas de difficulté particulière. Venaient ensuite le chevet doré et la robe. On parvint à sortir une grande partie de la couche supérieure en un seul morceau à l'aide d'une application de celluloïd en solution. Une partie de la rangée de petites perles du bas fut préservée avec de la cire pour nous servir plus tard de référence. Puis, nous nous attaquâmes à ce qu'on peut appeler la seconde couche. Là, se trouvaient trois paires de sandales et une paire de chaussons en cuir, incrustés d'or. Malheureusement, leur état laissait beaucoup à désirer. Ils avaient naturellement souffert, de la manière dont on les avait rangés, mais le pire était que le cuir avait fondu, les collant l'un à l'autre et aux autres objets, ce qui rendait leur extraction de la boîte extrêmement délicate. On récupéra ce qui restait de l'ornementation en or en la badigeonnant de vernis, et on renforça le cuir autant qu'on le put. Je crois pourtant qu'il sera finalement préférable de faire faire de nouvelles sandales et d'y appliquer la décoration.

Sous les sandales, il y avait une masse de vêtements

en loques, dont la plupart avaient la consistance de la suie, parsemés de rosettes et de sequins d'or et d'argent. C'étaient là les tristes débris de plusieurs robes royales. Il n'était guère facile d'en tirer des informations valables, mais la différence de taille et de forme des sequins nous fournit une aide précieuse. Il y avait au moins sept vêtements différents. L'un était un manteau à l'imitation d'une peau de léopard, moucheté d'argent, avec une tête dorée et des griffes d'argent. Deux autres étaient des coiffures en forme d'aigle aux ailes déployées. Parmi ces vêtements, nous trouvâmes d'autres objets: deux collerettes de perles de faïence, deux bonnets, ou petits sacs, ornés de minuscules perles, presque entièrement détruits, un petit écriteau en bois sur lequel était inscrit en écriture hiératique: « Sandales en papyrus (?) de Sa Majesté », un gant de lin, un gantelet d'archer brodé de fils de couleur, un double collier de grosses perles plates en terre vernissée et un certain nombre de ceintures ou de châles. Sous les vêtements étaient alignés des rouleaux de tissu, pagnes ou bandelettes et, plus bas encore, au fond de la boîte, deux planchettes, perforées à une extrémité, comme pour être pendues, dont nous n'avons pas encore pu déterminer l'usage.

A quelques rares exceptions près — les sandales de jonc, par exemple — tous les vêtements étaient à la taille d'un enfant. Nous pensâmes d'abord qu'on avait simplement gardé les vêtements que le roi avait portés enfant. Mais, plus tard, sur l'une des ceintures et les sequins de l'une des robes, nous découvrîmes le cartouche royal. Toutankhamon les avait donc portés après être monté sur le trône. Nous en eûmes la certitude lorsque nous déchiffrâmes sur le couvercle de l'une des boîtes l'indication: « Boucle de cheveux du Roi quand il était enfant. » Ces quelques indices pourront nous aider à éclaircir un problème historique important. Pour l'instant, il faut encore attendre les informations que la momie nous livrera, le moment venu. Il est certain, cependant, que, sur le mobilier de la tombe, le roi apparaît toujours sous les traits d'un très jeune homme.

Les vêtements royaux provenant des différents coffres sont, pour la plupart, décorés de broderies. Certaines sont tissées avec l'étoffe, comme sur les fragments découverts dans la tombe de Thoutmosis IV[1] ; d'autres ont été appliquées sur la robe et leur étude contribuera, sans nul doute, à enrichir l'histoire de l'art textile.

Nous ne pouvons décrire ici tout ce que nous avons mis à jour en déballant les autres boîtes, mais toutes présentaient le même désordre et renfermaient les objets les plus divers. Plusieurs d'entre elles contenaient jusqu'à cinquante et soixante articles différents qu'il fallait, bien évidemment, numéroter. L'entreprise était assez excitante, car on ne savait jamais si on allait tomber sur un scarabée en or, une statuette ou un bijou. Le travail avançait lentement. Nous passions des heures, avec brosses et soufflets, à enlever la poussière que la décomposition de vêtements avait déposée sur les collerettes, les colliers, les ornements en or. Les collerettes, surtout, exigeaient un traitement délicat. Nous en trouvâmes huit en tout, ornées de motifs floraux de type amarnien, et il nous fallut un soin et une patience infinis pour replacer les perles et les différents types de pendeloques. Elles ont encore besoin de plusieurs traitements pour retrou-

1. Carter et Newberry : *Tomb of Thoutmosis IV*, pl. I et XXVIII, n°s 46526-46529.

ver leurs couleurs d'origine, et il faudra reconstituer les parties cassées ou manquantes avant de pouvoir les exposer au musée. Nous eûmes toutefois la chance inouïe de découvrir un collier à trois rangs, garni d'un pectoral doré et d'un contrepoids en forme de scarabée. Il était posé à plat au fond d'une boîte, de sorte que nous pûmes le retirer perle par perle et les réenfiler aussitôt dans l'ordre exact.

Le problème le plus ardu nous fut posé par le corselet dont nous avons déjà parlé. Il était fait de quatre parties : le corselet proprement dit, incrusté d'or et de cornaline, avec une bordure et des bretelles en or et en pierres colorées ; une collerette de perles en or, cornaline et terre vernissée bleue et verte ; un magnifique pectoral ajouré en or et incrustations polychromes, et un contre poids également en or. On voit souvent, sur les peintures murales, ce genre de corselet, qui était apparemment d'usage fréquent, mais jamais jusqu'ici, nous n'avions eu le bonheur d'en trouver un exemplaire complet. Il est malheureusement très endommagé et certains points restent obscurs. Nous en avions trouvé la plus grande partie dans la boîte n° 54. D'autres morceaux se trouvaient dans le petit naos d'or et dans les boîtes 110 et 115. Nous en avions aussi retrouvé par terre, dans l'antichambre, le couloir et l'escalier.

Le partie provenant de la boîte 54 nous donna grâce aux bordures supérieure et inférieure la forme du corselet, ainsi que sa hauteur. Cette dernière n'était d'ailleurs pas la même partout. Nous vîmes également que le rang supérieur de la collerette s'attachait aux bretelles, et que la collerette elle-même s'ajustait sur les épaules à l'aide de deux barrettes d'or. L'ordre exact des perles qui formaient la décoration de la collerette nous fut fourni par les morceaux découverts dans le naos en or, où se trouvaient également le pectoral et le contre poids. Ils étaient tous deux incurvés à leur partie supérieure, pour leur permettre de s'adapter du collier. Outre celles des épaules, il y avait encore d'autres barrettes d'or, et les perforations qu'on y voyait correspondant à celles des écailles, montraient qu'elles appartenaient au corselet proprement dit. Ces barrettes, creuses, se fermaient à l'aide de fines tiges d'or qu'on introduisait dedans, et servaient à fixer l'ornement en place. Notre reconstitution actuelle est purement expérimentale ; nous voulions simplement photographier l'ornement. En fait, le seul point douteux concerne la position des barrettes d'or. Se placent-elles sur le devant et le derrière du corselet, comme sur la photo, ou bien sur les côtés ? La raison pour laquelle nous avons choisi la première solution est que les barrettes sont de différentes longueurs, alors que les côtés du corselet sont égaux. Nous savons, par contre, que le devant et le derrière du corselet ne sont pas de la même taille. Il nous manque encore de nombreux morceaux que nous trouverons peut-être dans la chambre funéraire ou dans l'annexe.

Nous passâmes la plus grande partie de l'hiver à répertorier le contenu des boîtes et des coffres. Les objets importants étaient, en effet, plus faciles à traiter. Certains étaient en très bon état et n'exigeaient qu'un bon nettoyage. D'autres nécessitaient quelques petites réparations, ne serait-ce que pour leur permettre de voyager sans dommage. Au cours de notre travail, nous avions constamment recours à la boîte renfermant les balayures que nous avions ramassées sur le sol de l'antichambre et du couloir, après avoir retiré les objets. Il arrivait souvent que nous y trouvions tel fragment qui nous manquait. Nous n'avons pas touché aux chars, car nous n'avions pas assez de place pour nous en occuper. Il faudra attendre d'être au Caire pour les traiter et les remonter. La restauration et l'étude complète du mobilier de la tombe demanderont encore de longues années.

La saison finie, vint le moment d'emballer le matériel. Il fallait le protéger de la poussière aussi bien que des chocs qu'il pourrait subir. Chaque objet fut enveloppé de laine ou de tissu, ou des deux, avant d'être placé dans sa boîte. Les parties les plus délicates, comme le dossier du trône, les pieds des chaises et des lits, les arcs et les cannes, furent étroitement bandées. Les objets très fragiles, comme les bouquets funéraires ou les sandales, qui ne supportaient pas un emballage ordinaire, furent déposés dans des boîtes remplies de son. Nous prîmes grand soin de grouper les objets par catégorie, les tissus dans une caisse, les bijoux dans une autre, etc. Il peut s'écouler, en effet, une année ou deux avant qu'on ne déballe les caisses et nous nous épargnions de cette façon beaucoup de travail. Il y avait au total quatre-vingt-neuf boîtes, que nous distribuâmes, pour plus de sécurité, dans trente-quatre solides caisses de bois.

Restait à résoudre la question du transport. Un bateau à vapeur envoyé par le Service des Antiquités, nous attendait sur le fleuve. Mais, entre le laboratoire et le Nil, il y avait près de neuf kilomètres de piste caillouteuse, semés de tournants raides et de déclivités dangereuses. Trois possibilités s'offraient à nous : faire voyager les caisses à dos de chameaux, à dos d'homme ou par le petit chemin de fer de Decauville. Nous décidâmes d'adopter cette dernière solution, qui nous semblait la plus sûre. Les caisses furent déposées sur quelques wagons plats et, dans la soirée du 13 mai, nous étions prêts à entreprendre la descente de la Vallée, en faisant reprendre aux objets le chemin par lequel ils étaient venus, trois mille ans auparavant.

Le lendemain matin à l'aube, les wagons s'ébranlèrent. Quand nous parlons de voie ferrée, qu'on n'aille pas s'imaginer qu'on avait posé une ligne tout exprès pour nous, ce qui aurait exigé plusieurs mois. Nous devions poser les rails au fur et à mesure que nous avancions. Cinquante ouvriers s'occupaient de pousser les wagons, d'installer les rails ou d'enlever ceux qui venaient d'être utilisés. Le système était étonnamment rapide. A dix heures, le matin du 15 — après quinze heures de travail — les caisses étaient sur le bateau. Nous eûmes bien quelques moments d'anxiété pendant le trajet, mais aucune catastrophe ne se produisit, et le fait que toute l'opération ait pu être accomplie en si peu de temps et sans le moindre dommage témoigne du beau zèle de nos ouvriers. Il faut ajouter qu'il faisait un soleil de plomb, que la température dépassait les 38 degrés et que les rails étaient presque brûlants au toucher.

Une escorte de soldats, fournie par le Moudir de la Province, veilla sur la sécurité des objets pendant les sept jours que dura le voyage jusqu'au Caire. Là, nous déballâmes quelques-uns des objets les plus précieux pour les exposer aussitôt. Le reste fut entreposé dans les réserves du musée.

11

L'OUVERTURE DE LA PORTE SCELLÉE

A la mi-février, notre travail dans l'antichambre était terminé. A l'exception des deux statues noires grandeur nature, tous les objets avaient été emportés au laboratoire, chaque pouce du sol balayé et la chambre était à présent complètement nue. Nous étions enfin prêts à percer le mystère de la porte scellée.

Le vendredi 17, à deux heures, ceux qui devaient avoir le privilège d'assister à la cérémonie, se réunirent à l'entrée de la tombe. Etaient présents lord Carnarvon, lady Evelyn Herbert, Son Excellence Abd el-Halim Pacha Souleman, ministre des Travaux publics, M. Lacau, directeur général du Service des Antiquités, sir William Garstin, sir Charles Cust, M. Lythgoe, le conservateur du département des Antiquités égyptiennes du Metropolitan Museum, le Pr Breasted, le Dr Alan Gardiner, M. Winlock, l'Honorable Mervyn Herbert, l'Honorable Richard Bethell, M. Engelbach, inspecteur en chef du département des Antiquités, trois inspecteurs égyptiens du même département, le représentant du bureau de presse du gouvernement et les membres de l'équipe — une vingtaine de personnes en tout. A deux heures et quart, tout le monde était là et, après avoir enlevé nos vestes, nous descendîmes dans la tombe.

Dans l'antichambre, tout était prêt et, pour ceux qui n'y étaient pas venus depuis la première ouverture, elle devait offrir un bien étrange spectacle. Nous avions protégé les statues avec des caisses en bois et édifié entre elles une petite plate-forme, suffisamment haute pour nous permettre d'atteindre la partie supérieure de la porte, que nous avions en effet décidé d'attaquer du haut vers le bas. A quelque distance de la plate-forme, nous avions placé une barrière et, sachant que le travail pouvait durer plusieurs heures, nous avions disposé des chaises pour les visiteurs. Les projecteurs étaient orientés droit sur la porte scellée, qui se dressait là, devant nous. En l'ouvrant, nous allions revenir trois mille ans en arrière. Ce fut d'une main tremblante que je donnai le premier coup.

Mon premier soin fut de localiser le linteau de bois au-dessus de la porte. Puis, j'enlevai soigneusement la couche de plâtre et retirai les petites pierres qui composaient la couche extérieure du remplissage. J'avais, à tout moment, la tentation de m'arrêter pour regarder de l'autre côté, et lorsque après dix minutes de travail, j'eus pratiqué une ouverture suffisamment grande, je m'empressai d'y introduire une lampe de poche. Une étonnante vision m'attendait. A un mètre de la porte, s'étendant aussi loin que je pouvais voir et bloquant l'entrée de la chambre, se dressait ce qui semblait être un mur en or massif. Je me mis à élargir le trou, aussi vite que je pus. L'opération était de plus en plus difficile, car les blocs de pierre n'étaient ni géométriques ni posés régulièrement, mais grossièrement taillés et de plusieurs dimensions. Certains étaient si lourds qu'il me fallait déployer toutes mes forces pour les soulever. En outre, une fois allégés du poids de la rangée supérieure, plusieurs d'entre eux restaient en équilibre précaire, et le moindre faux mouvement pouvait les faire basculer à l'intérieur de la chambre. Nous voulions également préserver les sceaux imprimés sur l'épais mortier de la face extérieure. Mace et Callender durent venir à mon aide. Je détachais doucement chaque pierre avec un levier, pendant que Mace la soutenait pour qu'elle ne tombe pas, puis nous la passions à Callender qui la donnait lui-même à l'un des ouvriers qui la confiait à un autre, et ainsi de suite jusqu'à l'entrée de la tombe.

Au bout de quelque temps, le mystère du mur en or fut éclairci. Nous nous trouvions bien à l'entrée de la chambre funéraire du roi, et ce qui nous barrait le chemin, c'était une immense chapelle dorée construite pour protéger le sarcophage. Elle était à présent visible de l'antichambre à la lumière de nos lampes, et nous pouvions sentir l'excitation qui agitait les spectateurs, derrière la barrière. Nous qui travaillions, étions probablement moins exaltés, préoccupés que nous étions d'enlever les pierres sans accident. Il aurait suffi de la chute d'une seule pour endommager irréparablement la délicate surface de la chapelle. Aussi, dès que l'ouverture fut assez large, nous y glissâmes un matelas que nous suspendîmes de l'autre côté du linteau. Il fallut encore deux heures d'un travail difficile pour dégager suffisamment la porte. Qui plus est, alors que nous arrivions au bas de la porte, nous dûmes nous arrêter pour ramasser les perles éparpillées d'un collier que les voleurs avaient abandonné sur le seuil. Rude épreuve pour notre patience, alors que nous touchions au but ! Enfin, les perles ramassées, les dernières pierres enlevées, nous pûmes pénétrer dans la chambre funéraire.

Le niveau du sol de la chambre était d'environ un mètre plus bas que celui de l'antichambre, ce qui ne facilitait pas nos mouvements, d'autant que le passage entre la chapelle et le mur était étroit. Heureusement, il n'y avait pas d'objets par terre dans cette partie de la chambre. Je me laissai donc glisser, puis, une lampe à la main, j'avançai avec précaution jusqu'au coin de la chapelle. Deux beaux vases d'albâtre bloquaient le chemin ; je marquai soigneusement leur emplacement et les enlevai pour les passer à ceux qui étaient restés dans l'antichambre. Ils étaient d'une qualité et d'une forme supérieures à ceux que nous avions mis à jour jusque-là, à l'exception de la coupe d'albâtre trouvée sur le seuil de l'antichambre. Lord Carnarvon et M. Lacau me rejoignirent et nous reprîmes notre investigation.

Sans aucun doute, c'était bien là la chambre funéraire, et ce qui se dressait devant nous était une de ces grandes chapelles dans lesquelles on déposait les rois. Elle était si vaste (cinq mètres sur trois mètres trente et deux mètres soixante-dix de hauteur), qu'elle remplissait presque toute la salle, ne laissant qu'un espace d'une soixantaine de centimètres entre les murs, sur les quatre côtés. Le haut, orné d'une frise et d'un tore, atteignait presque le plafond. Du haut en bas, elle était recouverte de feuilles d'or et, sur les côtés, des panneaux incrustés de terre vernissée bleue portaient les symboles magiques qui devaient assurer la force et la protection. Plusieurs emblèmes funéraires gisaient à terre et, au nord, se trouvaient les sept avirons magiques qui permettent au roi de traverser les eaux du monde des ténèbres. Contrairement à ceux de l'antichambre, les murs de la chambre funéraire étaient décorés de scènes et d'inscriptions brillamment colorées, mais visiblement exécutées à la hâte.

Ces derniers détails, nous avons dû les noter par la suite. Sur le moment nous ne pensions qu'à nous assurer de l'état de la chapelle. Les voleurs l'avaient-ils ouverte ? Là, sur le côté est, se trouvaient les grandes portes fermées par des loquets — et non pas scellées — qui allaient nous donner la réponse. Une seconde chapelle apparut alors. Elle était fermée comme la précédente, mais sur les loquets se trouvait un sceau, intact ! Nous décidâmes de ne pas le briser. Nos doutes étaient dissipés, et nous ne pouvions aller plus loin pour l'instant sans risquer d'endommager le monument. Je crois aussi qu'en ouvrant les portes de la chapelle, nous avions éprouvé le sentiment de profaner un lieu sacré, sentiment renforcé par la présence presque vivante d'un voile, décoré de rosettes dorées, qui recouvrait la seconde chapelle. Nous avions vraiment l'impression de nous trouver en présence du roi défunt, et cela nous rappelait au respect que nous lui devions. Nous pouvions voir en imagination les portes des chapelles successives s'ouvrir devant nous jusqu'à ce que le souverain lui-même nous apparaisse. Nous refermâmes silencieusement les grandes portes et poursuivîmes notre exploration.

Au bout de la chambre, une nouvelle surprise nous attendait. Une porte basse, sur la droite, donnait accès à une autre pièce, plus petite que les précédentes, et moins haute. Contrairement aux autres, cette porte n'avait été ni bouchée ni scellée. D'où nous étions, nous pûmes donc voir ce qu'elle contenait. Un seul coup d'œil suffit à nous faire comprendre que c'était elle qui renfermait les véritables trésors de la tombe. Face à la porte, contre le mur le plus éloigné, il y avait un coffre monumental, le plus beau que j'aie jamais vu, devant lequel nous restâmes muets d'admiration. C'était un tabernacle, entièrement recouvert d'or et surmonté par une frise de cobras sacrés. Autour de lui, se tenaient les quatre déesses tutélaires du mort, les bras tendus en signe de protection, si naturelles et si vivantes dans leur pose, leur visage exprimant tant de compassion et de pitié, qu'on osait à peine les regarder. Elles veillaient chacune sur un côté du coffre, mais tandis que celle de devant et celle de derrière avaient le regard fixé sur le coffre dont elles avaient la charge, les deux autres, la tête tournée de côté, regardaient par-dessus leur épaule, comme pour surveiller l'entrée.

La chambre contenait bien d'autres merveilles, mais nous avions du mal à détourner nos yeux des magnifiques petites déesses. Tout près de l'entrée, se dressait la statue du chien Anubis sur son naos, enveloppée d'une étoffe de lin et posée sur des brancards. Derrière le dieu, on apercevait une tête de vache, symbolisant, elle aussi, l'univers des ombres. Contre le mur sud de la chambre, étaient déposés des coffres et des tabernacles de bois noir, tous fermés et scellés, à l'exception d'un seul, dont les portes ouvertes laissaient apparaître des statues de Toutankhamon montées sur des léopards noirs. Vers le mur du fond, des boîtes en forme de naos et des cercueils miniaturisés en bois doré contenaient sans doute des statues funéraires du roi. Au centre de la pièce, à la gauche d'Anubis, se trouvait une rangée de coffres en bois et ivoire, incrustés d'or et de pâte de verre bleue. En soulevant le couvercle de l'un d'eux, nous découvrîmes un riche éventail en plumes d'autruche au manche d'ivoire, qui semblait sortir de l'atelier de l'artisan. Il y avait aussi, distribuées un peu partout dans la chambre, des maquettes de bateaux, avec voiles et cordages, et sur le côté nord, un autre char.

Nous cherchâmes anxieusement des signes d'intrusion dans cette dernière chambre, sans en trouver aucune. Les voleurs y étaient certainement entrés, mais ils n'avaient pas eu le temps d'ouvrir plus de deux ou trois coffres. La plupart des boîtes portaient encore leurs sceaux, et l'arrangement des objets semblait indiquer qu'ils n'avaient pas été déplacés.

Je ne sais plus combien de temps nous restâmes à contempler ces merveilles, mais notre absence dut paraître une éternité à ceux qui nous attendaient. On ne pouvait admettre plus de trois personnes à la fois ; aussi lorsque lord Carnarvon et M. Lacau sortirent, les autres vinrent-ils par deux. Ce furent d'abord lady Evelyn Herbert, la seule femme présente, et sir William Garstin, puis le reste de la compagnie. Quand ils revenaient dans l'antichambre, émerveillés, stupéfaits, ils ne pouvaient qu'écarter les bras, dans un geste d'impuissance, incapables de formuler une quelconque description des merveilles qu'ils avaient vues. Elles étaient, en vérité, indescriptibles, et les émotions qu'elles faisaient naître en nous étaient d'une nature trop intime pour les communiquer, même si les mots se pressaient sur nos lèvres. C'était une expérience qu'aucun de nous ne pourrait jamais oublier. Nous venions, en un sens, d'assister à la cérémonie funéraire d'un pharaon mort depuis longtemps et presque oublié. Lorsque, trois heures plus tard, nous sortîmes à la lumière du jour, transpirants, poussiéreux, échevelés, la Vallée n'était plus la même. Jamais nous ne l'avions autant aimée ; elle venait de nous faire vivre un rêve.

Nous avions fixé la date du 17 février pour faire visiter la tombe aux égyptologues qui se trouvaient dans le pays. Le jour suivant, la reine des Belges et son fils, le prince Alexandre, venus en Egypte pour l'occasion, nous honorèrent de leur visite et témoignèrent un intérêt passionné pour tout ce qu'on leur montra. Lord et lady Allenby ainsi que plusieurs autres visiteurs distingués étaient également présents. Une semaine plus tard, pour les raisons que l'on sait, la tombe fut rebouchée.

Une grande ombre devait pourtant venir assombrir ce tableau. Lord Carnarvon est mort le matin du 5 avril 1923. Il n'aura pu profiter du fruit de son travail. Nous voulons ici lui dédier le meilleur de nous-mêmes.

Trois ans ont passé depuis la découverte de l'entrée de la tombe de Toutankhamon en novembre 1922. Trois ans d'un labeur acharné et délicat, passés à inventorier, classer, restaurer l'inestimable trésor.

Arrive enfin pour Carter, le moment tant attendu, celui de la première rencontre avec la momie royale qui repose depuis des siècles au fond du dernier sarcophage.

12

L'OUVERTURE DES TROIS CERCUEILS

Le dégagement de l'entrée du tombeau débuta le 10 octobre 1925 à 6 h 30. Les ouvriers commencèrent par déblayer la masse de gravats qu'on avait entassés devant l'escalier pour en défendre l'accès à la fin de la saison précédente. Travaillant comme des fourmis en dépit d'une température atteignant 35 à 40 degrés et de l'air chargé de poussière, ils accomplissaient leur tâche avec enthousiasme.

D'autres équipes ayant reçu pour mission d'évacuer les gravats, on termina les travaux le lendemain. Il nous fut alors possible de relier notre installation électrique à celle des tombeaux royaux et d'explorer l'intérieur.

Nous fîmes d'abord sauter la cloison de poutres de chêne turc et de planches édifiée devant la porte de bois fermant l'entrée du couloir. Puis nous ouvrîmes cette porte. A l'autre extrémité du passage, le tissu recouvrant la porte d'acier fermée à clé enlevé, nous pénétrâmes une fois encore dans l'antichambre et dans la chambre mortuaire.

La force de l'habitude ne pouvait complètement dissiper l'impression de mystère et la sensation très vive que des forces invisibles continuaient d'habiter le tombeau. L'archéologue ne peut en effet échapper à l'impression que le passé et le présent ne font qu'un, même quand il est plongé dans les problèmes matériels de son travail. Pour ce qui est de ces derniers, nous constatâmes avec plaisir qu'à part une petite quantité de plâtre décomposé qui s'était détachée du plafond et était tombée sur la toile noire dont j'avais recouvert le sarcophage, il n'y avait apparemment pas plus de poussière dans le tombeau que lorsque nous l'avions refermé l'année précédente.

Nous fûmes également heureux de voir que nos insecticides avaient été efficaces, car, en dehors de quelques-uns de ces insectes en forme de poisson que l'on trouve généralement dans les endroits obscurs, les parasites avaient presque entièrement disparu.

Nos puissants projecteurs électriques éclairèrent alors le sarcophage de quartzite et, sous la plaque de verre que j'avais posée, apparut enfin le cercueil recouvert d'or. La même émotion que la première fois nous saisit. L'ombre des dieux antiques gardait sur nous tout son empire.

Tout paraissant en ordre, nous refermâmes la tombe et nous rendîmes au laboratoire dont l'entrée avait été protégée, pendant les mois d'été, par une lourde barrière de bois. Mais là aussi, tout était intact.

Ainsi, l'antichambre débarrassée de ses meubles, la chambre mortuaire dépouillée de ses châsses dorées, seuls le sarcophage et les cercueils gardaient encore leurs secrets. Il nous fallait maintenant entreprendre de soulever le couvercle du premier cercueil.

Ce grand cercueil de bois doré de type rishi [1] était long de deux mètres vingt. Il était de forme anthropoïde, avec une perruque « Khat ». Le visage et les mains étaient couverts d'une couche d'or plus épaisse.

Après l'avoir soigneusement examiné, nous conclûmes que les poignées d'argent, deux de chaque côté, étaient en assez bon état pour supporter encore le poids du couvercle. On pouvait donc les utiliser sans inquiétude pour le soulever. Le couvercle était lui-même fixé au cercueil par dix languettes d'argent massif s'emboîtant dans des trous creusés dans l'épaisseur du cercueil, à raison de quatre de chaque côté, une à la tête et une aux pieds, maintenues par de gros clous d'argent à tête d'or. Mais pourrions-nous retirer ces clous sans entamer le cercueil ? Comme il occupait presque tout l'intérieur du sarcophage, ne laissant que très peu d'espace, en particulier à la tête et aux pieds, l'opération ne serait sûrement pas aisée. Nous réussîmes cependant à les extraire tous, à l'exception de celui qui se trouvait à la tête, faute de place pour le retirer complètement. Il fallut donc le scier.

On installa ensuite le treuil destiné à soulever le couvercle. Ce treuil était composé de deux blocs de trois poulies avec frein automatique fixés à une armature ver-

---

1. Ce terme s'applique à des décorations à base de dessins en forme de plumes à la mode dans les débuts de la XVIIe dynastie de l'époque thébaine. Pendant le Nouvel Empire, la décoration des cercueils change complètement au début de la XVIIIe dynastie, quand il s'agit de personnages officiels ou de gens du peuple ; mais quand il s'agit d'un cercueil royal, nous sommes à même de constater que les vieilles modes ont survécu avec des modifications mineures telles que l'adjonction de déesses tutélaires. Cela est en contradiction avec ce qui se passe généralement : la mode change plus rapidement dans les classes sociales du sommet de la hiérarchie que dans les autres. Cela relève-t-il d'un rite religieux lié au pharaon ? La tradition en est peut-être la cause. La déesse Isis protégeait le corps sans vie d'Osiris entre ses ailes, de même, elle protège ce nouvel Osiris que symbolise le gisant.

ticale. Les poulies, elles, se trouvaient exactement au-dessus du milieu du couvercle, à la hauteur de chaque paire de poignées. On les fixa donc au treuil à l'aide de courroies, en s'assurant bien que le couvercle ne vienne heurter les parois du sarcophage au cours de l'opération.

Malgré ces précautions, ce fut un instant d'émotion et d'anxiété extrêmes que celui où on souleva le couvercle. Il vint sans difficultés, démasquant le second cercueil recouvert d'une fine toile de lin noircie et décomposée. Sur ce suaire étaient répandues des guirlandes de feuilles d'olivier et de saule, de pétales de lotus bleu et de bleuets et à l'emplacement du front, une petit couronne de même composition. En dessous, on pouvait apercevoir une décoration à base de morceaux de verre multicolores, incrustés dans les dorures du cercueil.

Jusque-là, nos progrès avaient été très satisfaisants, et pourtant certains indices n'étaient guère encourageants. En effet, le second cercueil qui paraissait une œuvre de toute beauté portait des traces d'humidité et, par endroits, les incrustations semblaient prêtes à se détacher. C'était tout à fait déconcertant, car cela donnait à penser qu'il y avait une source d'humidité à l'intérieur même du cercueil. Si tel était bien le cas, la momie royale ne serait pas aussi bien conservée que nous l'avions espéré.

Le 15 octobre M. Burton arriva et, tôt dans la matinée du 17, il photographia le suaire et les guirlandes couvrant le second cercueil reposant toujours à l'intérieur du premier dans le sarcophage.

Les prises de vues terminées, il nous fallut réfléchir au meilleur moyen de sortir ce second cercueil et le corps du premier. La profondeur du sarcophage augmentant la difficulté, il fut bientôt évident qu'il fallait procéder de concert : le cercueil et le corps, ne pouvant manifestement pas être manipulés, devraient être extraits ensemble. Grâce aux poulies, nous y parvînmes comme précédemment, sans trop de difficultés.

Malgré leur poids, beaucoup plus important que nous ne l'avions imaginé, nous hissâmes les cercueils au-dessus du sommet du sarcophage, après avoir pris soin de glisser sous eux des planches de bois. Comme la pièce était petite et basse de plafond, la tâche ne fut pas facile, d'autant qu'il fallait éviter d'endommager les dorures très fragiles de l'extérieur du sarcophage.

Tout ayant été minutieusement examiné et photographié, je pus enfin retirer les guirlandes et rouler le suaire. Alors, devant nos yeux émerveillés, apparut la plus belle pièce d'art funéraire antique qu'il nous fut jamais permis de contempler : sa conception et la délicatesse de ses lignes étaient si admirables que, même posée sur des tréteaux modernes, elle conservait une majesté infinie.

Le second cercueil, long de deux mètres, était couvert d'une épaisse couche d'or avec des incrustations de verre opaque imitant le jaspe rouge, le lapis-lazuli et la turquoise. Très semblable au premier, il symbolisait Osiris. Il était lui aussi de décor rishi, mais certains détails différaient. Le roi portait une perruque « Nemes » mais, au lieu des silhouettes protectrices d'Isis et de Nephtis, il était enveloppé des ailes de Nekhebet le vautour et de Bruto le serpent. La délicatesse et la supériorité de sa conception en faisaient un incomparable chef-d'œuvre.

Nous fûmes ensuite confrontés au difficile problème du démontage des châsses. De nouveau, nous étions pris au dépourvu. Le premier extérieur possédant des poignées, nous avions cru que le second en posséderait également. Mais ce n'était pas le cas. De plus, il était à la fois excessivement lourd et très fragile. Enfin il était si bien encastré à l'intérieur du premier cercueil qu'il était impossible de glisser entre eux ne fût-ce que le petit doigt. Il était donc évident qu'il faudrait le dégager complètement avant d'entreprendre quoi que ce soit. Le problème était d'y parvenir grâce à une technique présentant un minimum de risque pour les incrustations déjà endommagées par une humidité dont nous ne connaissions toujours pas l'origine. Seuls, ceux qui ont eu l'occasion de manipuler des objets anciens aussi lourds et aussi fragiles, dans des conditions aussi délicates, peuvent comprendre à quel point l'incertitude et le poids des responsabilités peuvent, en de telles circonstances, être éprouvants pour les nerfs. De plus, dans ce cas précis, nous n'étions pas certains que le bois du cercueil ait été assez bien conservé pour supporter l'effort. Cependant, après avoir examiné le problème sous tous ses angles pendant deux jours, nous mîmes finalement au point une méthode.

Bien que l'espace entre le corps du cercueil extérieur et le second cercueil fût insuffisant pour nous permettre de retirer complètement les clous, il était possible de les tirer sur environ cinq millimètres, de telle sorte qu'on pût y fixer de solides fils de cuivre attachés eux-mêmes aux poulies et à l'armature. Ce qui fut fait. Ensuite de solides œillets métalliques furent enfoncés dans l'épaisseur de l'arête supérieure du corps du cercueil extérieur, de telle sorte qu'il serait possible de le dégager au moyen de cordes actionnées par des poulies.

Le lendemain, après ces préparatifs, nous pouvions donc passer à l'étape suivante. C'était le moment le plus important de toute l'exploration du tombeau. Procédant à l'inverse de ce qui aurait pu sembler être l'ordre logique des choses, au lieu de soulever le second cercueil, nous abaissâmes le cercueil extérieur. Nous procédions ainsi d'abord parce que la pièce était basse de plafond. D'autre part, la charge restant immobile, les clous vétustes risquaient moins de céder à des tensions inutiles. L'opération terminée, le corps du cercueil extérieur fut redescendu dans le sarcophage et le second cercueil resta un instant suspendu par dix solides fils de cuivre. On glissa ensuite un support de bois assez large pour obstruer complètement l'ouverture du sarcophage. Le second cercueil, reposant sur une base solide, devenait accessible. Quand on eut détaché les fixations et retiré le matériel de levage, M. Burton fit ses clichés et nous pûmes entreprendre de soulever le couvercle.

La surface étant en mauvais état, il fallait autant que possible éviter de la toucher. C'est pourquoi, afin de soulever le couvercle sans le détériorer, des œillets de métal furent enfoncés aux quatre coins, là où apparemment ils causeraient le moins de dégâts. On relia ces œillets au treuil, on retira les clous d'argent et on souleva le couvercle.

Au début, il eut tendance à coller, puis lentement il quitta son emplacement. Quand il fut assez haut pour permettre d'entrevoir le contenu du cercueil, on le posa sur une plaque de bois préparée à cet effet.

C'est alors que nous découvrîmes le troisième cercueil. Il était de même forme que les autres, mais sa décoration était cette fois dissimulée sous un linceul rougeâtre. Le visage, d'or bruni, était nu. Sur le cou et la poitrine, il y avait une collerette de grains et de fleurs cousue sur un support de papyrus et, posé exactement sur la perruque Nemes, se trouvait un napperon de lin.

Les photos prises, je retirai la collerette et la pièce de tissu. Nous fûmes alors émerveillés. Long de un mètre quatre-vingt-cinq, ce troisième cercueil était en or massif. Le mystère du poids, qui jusqu'ici nous avait troublés, était enfin éclairci. Cela expliquait également pourquoi il avait si peu diminué quand le premier cercueil et le couvercle du second avaient été retirés ; il fallait encore huit hommes vigoureux pour le soulever.

Le visage d'or était toujours celui du pharaon, mais ses traits étaient encore plus jeunes. Le décor rappelait celui du cercueil extérieur. Il était rishi avec les silhouettes d'Isis et de Nephtis, accompagnées de celles de Nekhebet et de Bruto, qui venaient en surimpression sur le décor du cercueil lui-même. Les incrustations étaient en pierres naturelles. Sur la collerette conventionnelle du « Faucon », également en cloisonné, il y avait un large collier double, amovible, composé de disques d'or rouge et jaune, et de faïence bleue, qui en rehaussait l'éclat. Mais les détails de la décoration disparaissaient sous une couche noire et luisante formée par les onguents liquides déversés à profusion sur le cercueil. C'est pourquoi cette pièce incomparable était endommagée — ce qui se révéla par la suite provisoire. De plus, elle était collée à l'intérieur du second cercueil, le liquide solidifié occupant tout l'espace compris entre le second et le troisième cercueil, et cela presque jusqu'à la hauteur du couvercle du troisième.

Cet onguent, dont on avait certainement utilisé une très grande quantité, était sans doute la cause des détériorations que nous avions remarquées en dégageant le cercueil extérieur. Car l'intérieur d'un sarcophage de quartzite pratiquement hermétique ne pouvait avoir été atteint par des influences extérieures. Le linceul et la collerette de fleurs et de faïence bleue étaient également détériorés. Ils avaient paru d'abord en bon état, mais ils se désagrégèrent au premier contact.

Le troisième cercueil et le corps du second furent alors transportés dans l'antichambre, où il était plus facile de les manipuler et de les examiner. C'est là que l'importance et la beauté de notre découverte nous apparurent réellement, quand cette pièce unique et merveilleuse, ce cercueil d'un mètre quatre-vingt de long, masse fabuleuse d'or sculpté, de deux centimètres et demi à trois centimètres et demi d'épaisseur, resplendit devant nous.

Notre premier objectif fut alors d'éviter toute détérioration et de protéger les incrustations du second cercueil. C'est pourquoi il fut décidé d'utiliser un procédé dont nous connaissions l'efficacité. Après l'avoir brossé légèrement pour retirer la poussière et nettoyé à l'eau chaude coupée d'ammoniaque, on le recouvrit, une fois sec, d'une épaisse couche de cire chaude appliquée au pinceau. La cire, en refroidissant, maintenait les incrustations solidement en place, ce qui nous permettait de manipuler le cercueil sans risques.

Ce problème résolu, il nous fallut encore découvrir le meilleur moyen de se débarrasser des onguents solidifiés qui non seulement recouvraient le corps du cercueil mais qui occupaient aussi l'espace compris entre les deux parois, les maintenant solidement collés l'un à l'autre et nous empêchant de poursuivre notre examen. M. Lucas analysa cette substance. Elle était noire et ressemblait à de la poix. Aux endroits où la couche était fine, comme sur le couvercle du cercueil, la matière était dure et cassante, mais là où la couche était plus épaisse (c'était le cas entre les deux cercueils), elle était molle et pâteuse. Son odeur chaude et pénétrante, parfumée et assez agréable rappelait celle de la résine quand on la chauffe. Elle était d'ailleurs composée de matières graisseuses et de résine, mais on ne décelait ni poix minérale ni bitume. Enfin le fait que cette substance ait coulé sur les bords du cercueil et se soit accumulée au-dessous prouvait bien qu'elle était semi-liquide au moment de son utilisation première.

Elle pouvait donc être liquéfiée de nouveau à la chaleur ou dissoute par certains dissolvants, mais, dans les circonstances où nous nous trouvions, aucune des deux méthodes n'était applicable. Nous décidâmes donc de soulever le couvercle et d'examiner le contenu avant de poursuivre nos travaux. Heureusement, la jonction entre le couvercle et le corps du cercueil était visible et malgré tout accessible, sauf aux pieds où le second et le troisième cercueil se touchaient.

Le couvercle était fixé par huit tenons d'or (quatre de chaque côté) maintenus en place dans des encoches par des clous. Si nous parvenions à les retirer, nous pourrions soulever le couvercle. L'espace séparant les deux cercueils étant très étroit, les outils généralement utilisés pour retirer les clous n'étaient d'aucun secours. Il fallut en concevoir d'autres. Alors avec de longs tournevis, transformés pour l'occasion, on retira doucement les longs clous d'or massif qui durent malheureusement être sacrifiés, puis on souleva le couvercle par ses poignées d'or.

Sous nos yeux, occupant tout l'intérieur du cercueil d'or, gisait une impressionnante momie nette et soignée, sur le corps de laquelle on avait répandu des onguents, noircis et durcis par le temps. Contrastant avec la couleur sombre du corps, un magnifique masque d'or brillant, représentant le visage du pharaon, couvrait la tête et les épaules. Cette incomparable momie symbolisait Osiris. Le masque d'or, spécimen unique de l'art antique, avait une expression triste mais calme, suggérant la jeunesse prématurément surprise par la mort. Sur le front, sculptés dans l'or massif, se trouvaient les emblèmes de son pouvoir : Nekhebet le vautour et Bruto le serpent, représentant les deux royaumes sur lesquels il avait régné. Au menton, la traditionnelle barbe d'Osiris, en or massif et en verre aux couleurs du lapis-lazuli. Autour du cou, un collier triple composé de disques d'or jaune et rouge ainsi que de faïence bleue ; enfin, un scarabée de résine noire, portant la marque du rituel Behnu, reposait entre ses mains et était fixé au cou par des courroies souples incrustées d'or. Les mains d'or bruni, croisées sur la poitrine, étaient cousues à l'enveloppe de lin. Elles tenaient le fouet et la crosse, également emblèmes d'Osiris. Juste au-dessous, se trouvait l'enveloppe de lin extérieure, enrichie d'ornements incrustés d'or fixés à une représentation de Ba, l'oiseau de l'âme, enveloppant le corps de ses ailes étendues. Comme ces ornements somptueux avaient été soumis aux onguents, on avait du mal à en discerner les détails, qui, à l'exception du visage, ne brillaient pas.

Bien que les attributs de cette momie fussent ceux des dieux, le visage était certainement celui de Toutankhamon, avenant et calme, car on retrouvait ses traits sur les statues et les cercueils.

Quand M. Burton eut photographié la momie sous tous les angles, nous pûmes regarder de plus près l'état de conservation dans lequel elle se trouvait. Le fouet et la crosse étaient en grande partie décomposés, pratiquement réduits en poussière ; les fils qui maintenaient les mains et les ornements en place sur l'enveloppe extérieure étaient pourris, et les différentes parties tombaient dès qu'on les touchait. Quant au scarabée de résine noire, il était couvert de fissures. Il fallut donc retirer ces ornements un par un et les poser, dans le même ordre, sur une plaque de bois, afin de pouvoir les nettoyer et les remonter. Plus nous avancions, plus nous nous rendions compte que les bandelettes et la momie étaient en très mauvais état. Elles étaient complètement carbonisées sous l'action des acides gras contenus dans les onguents qu'on avait déversés sur elles.

D'autre part, le masque et la momie étaient solidement collés au fond du cercueil par les restes solidifiés de l'onguent et il était impossible de les faire bouger. Que fallait-il faire ?

Nous savions que la chaleur était capable d'amollir cette substance. Il fallait donc espérer qu'il serait possible, en l'exposant au soleil, de la faire fondre suffisamment pour parvenir à dégager la momie. Nous tentâmes donc l'expérience pendant plusieurs heures mais sans succès, alors que la température atteignait 65 degrés. Comme nous ne disposions d'aucun autre moyen, il nous fallut nous résoudre à poursuivre l'examen du pharaon dans les cercueils.

Mais comment dégager le masque d'or et retirer le cercueil encastré?

La chaleur étant pourtant le seul moyen de faire fondre l'onguent, il fallait le soumettre à une température très élevée, mais sans risquer d'endommager le reste. On s'employa donc à protéger l'intérieur du cercueil d'or avec d'épaisses plaques de zinc susceptibles de résister aux plus hautes températures. Les cercueils furent alors retournés sur des tréteaux, celui qui se trouvait à l'extérieur étant protégé de la chaleur par des couvertures mouillées. On plaça ensuite sous le cercueil d'or plusieurs lampes à paraffine fonctionnant au maximum de leur puissance mais réglées pour ne pas dépasser le point de fusion du zinc.

En dépit d'une température d'environ cinq cents degrés, il fallut plusieurs heures pour obtenir un résultat. Dès que les premiers indices de mouvement apparurent, on éteignit les lampes et, au bout d'une heure, les cercueils commencèrent à se séparer. Cela fut d'abord presque imperceptible, mais nous fûmes bientôt en mesure de dégager le second cercueil, le cercueil d'or restant toujours posé sur les tréteaux. On ne pouvait guère distinguer qu'une masse visqueuse, de la consistance de la poix, très difficile à dissoudre, en dépit de l'utilisation de grandes quantités de dissolvant.

L'intérieur du cercueil d'or, auquel adhérait encore le masque, était recouvert de la même matière. On avait donc également protégé le masque en l'enveloppant dans une couverture mouillée. Comme il avait été exposé directement à la chaleur accumulée à l'intérieur du cercueil, il fut possible de le retirer avec une relative facilité.

Ensuite, il nous fallut revenir au premier cercueil, qui se trouvait encore dans le sarcophage. Nous parvînmes à l'extraire au moyen du treuil. Dès qu'il eut dépassé l'arête supérieure du sarcophage on glissa juste en dessous une plaque de bois et on le transporta au laboratoire où se trouvait déjà le couvercle. Malheureusement, l'humidité qui s'était dégagée des onguents l'avait abîmé, et les dorures se décollaient par endroits. Ces détériorations furent néanmoins réparées grâce à l'injection d'une cire de paraffine chaude, dans les interstices, qui rendit solidité et assise aux dorures.

Il ne restait plus maintenant dans le sarcophage que le lit de bois doré à tête et pieds de lion, construit dans un bois lourd, résistant et doré. Il était tout en bas et soutenait le premier cercueil. Mais le plus extraordinaire était qu'après avoir soutenu les trois cercueils, plus de 1 250 kilos, pendant plus de trente siècles, il demeurait absolument intact. On passa alors tout autour de larges lanières de tissu et on hissa ce magnifique spécimen de l'art égyptien hors du sarcophage. Il avait environ trente-cinq centimètres de haut, deux mètres trente de long et sa forme s'adaptait exactement à celle du premier cercueil. L'élément central comportait un bas-relief représentant une corde, assez semblable à ceux que l'on trouve sur les *angaribes* soudanais d'aujourd'hui. Les jointures de la charpente avaient à peine bougé, attestant de la solidité du bois et la qualité du travail.

Désormais, la chambre mortuaire et le sarcophage étaient vides et, pour la première fois, nous étions en mesure de mieux comprendre le cérémonial et le déroulement des funérailles d'un pharaon ainsi que les coutumes qui s'y rattachaient. Le tombeau de Toutankhamon et ses trésors venaient de nous livrer leurs derniers secrets. Ils allaient nous permettre d'approfondir toutes nos découvertes et d'enrichir, de façon inestimable, l'ensemble de nos connaissances.

POSTFACE

ESQUISSE BIOGRAPHIQUE DE FEU LORD CARNARVON

par sa sœur, lady Burghclere

Ouvertement ou en secret, tout le monde est sensible au romanesque. C'est sans doute pour cette raison que la découverte de la tombe de Toutankhamon a soulevé un intérêt aussi vaste et aussi passionné. Et cet intérêt s'est étendu à celui à qui l'on doit cette découverte, et que la tragédie soudaine dont il a été victime à l'heure de son triomphe, a encore contribué à grandir. Une histoire qui débute comme un conte des Mille et Une Nuits et se termine sur une illustration du mythe grec de la Némésis, ne peut manquer de frapper l'imagination des hommes et des femmes qui, jusque dans leur existence quotidienne, restent sensibles au merveilleux. C'est pourquoi la présente esquisse de cette personnalité aux multiples facettes trouve place ici, comme introduction à l'histoire de la découverte à laquelle lord Carnarvon a consacré toute son énergie et à laquelle il a, finalement, sacrifié sa vie.

Né le 26 juin 1866, George Edward Stanhope Molyneux Herbert, lord Porchester, reçut l'inestimable privilège d'être élevé dans une atmosphère empreinte de romanesque et de subtile simplicité. Son environnement naturel n'était pas moins fortuné. Même comparé aux plus majestueux domaines d'Angleterre, Highclere se classe, incontestablement, parmi les premiers. Son charme est dû en grande partie aux contrastes qu'il offre. Des pelouses impeccables, ombragées par de gigantesques cèdres du Liban, on pouvait passer, si on le désirait, aux buissons d'aubépines, aux bois de hêtres et de chênes, aux lacs, où s'ébattait le gibier sauvage. Tout autour, s'étendaient de hautes collines crayeuses, épaissement boisées, ou au contraire nues et désertes comme au temps où les Anglais avaient établi leur camp à Beacon Hill, le bastion qui domine la campagne environnante.

Si, comme on nous l'assure, les impressions qui marquent de façon indélébile l'esprit humain sont celles de la première enfance, Porchester fut de très bonne heure mis à l'école de l'aventure. L'influence héréditaire façonne également, nous dit-on, la vision personnelle de la vie. Là encore, issu de parents qui ne pensaient qu'à réaliser leurs idéaux pour le bénéfice d'autrui, le jeune garçon bénéficiait d'un climat idéal. On peut affirmer qu'il n'a jamais entendu ou vu quoi que ce soit qui fût « commun ou bas ». Les villageois, les serviteurs, étaient des membres de la famille. C'était le système féodal, patriarcal, dans le meilleur sens du terme.

Le père de Porchester, le quatrième comte de Carnarvon, était considéré par tout le monde comme un homme qui ne s'était jamais laissé détourner par l'ambition du chemin que sa conscience lui avait tracé. Bien qu'il ait préféré démissionner du gouvernement Derby-Disraeli plutôt que de soutenir la réforme électorale de 1867, il était loin d'être un réactionnaire. Dans le domaine social comme dans le domaine colonial, il était très en avance sur la plupart de ses contemporains de l'un ou l'autre bord politique. Il serait intéressant, en fait, d'imaginer combien de sang et d'argent on aurait épargné à ce pays si les mesures prônées par cet homme d'Etat avaient reçu le soutien du Cabinet et du parti auxquels il était lié.

Le cinquième comte de Carnarvon — l'archéologue — ne ressemblait pas à son père dans sa « structure » physique et mentale, pour employer le terme à la mode. Mais c'est bien de ce dernier qu'il avait hérité son indépendance de pensée, ainsi que son extrême plaisir à confronter ses idées à celles des autres. En outre, le pouvoir de concentration dont il faisait preuve dans les divers domaines qui l'intéressaient, provenait lui aussi de l'héritage paternel, car le quatrième comte de Carnarvon était l'un des meilleurs humanistes de sa génération.

En 1875, un malheur vint assombrir la vie du jeune garçon. Sa mère mourut en donnant naissance à une troisième fille. Evelyn Stanhope, lady Carnarvon, était l'une de ces rares femmes qui n'appartiennent pas tout à fait à ce monde et qui, pourtant, sont attentives aux autres. Cette perte fut durement ressentie par Porchester. Son intelligence capricieuse s'alliait, en effet, à merveille avec le sens de l'humour aigu de sa mère. Elle l'aurait, sans nulle doute, aidé à surmonter sa réserve invétérée, qui ne s'effaça qu'au fil des années, en interprétant ce caractère déconcertant à l'usage du monde et le monde à l'usage de son fils.

Après la mort de leur mère, Porchester et ses sœurs furent entourés de l'affection sans mélange des sœurs de leur père, lady Gwendolen Herbert et Eveline, lady Portsmouth.

L'entrée dans une école privée, puis à Eton, sont autant d'étapes qui préparent automatiquement un garçon comme Porchester à une future carrière. Dans le cas de l'école privée, le choix ne fut pas heureux. Elle vivait sur son ancienne réputation et ni le régime alimentaire ni l'instruction n'étaient ce qu'on pouvait en attendre. Du moins, Porchester eut-il la chance de sortir vivant d'une épidémie de rougeole que les garçons traitèrent en se versant mutuellement sur le corps des seaux d'eau froid lorsque la fièvre était trop forte.

Eton, par contre, garda jusqu'au bout à ses yeux tout son prestige. On peut, cependant, déplorer que l'école n'ait rien fait pour inculquer le sens de la méthode à un garçon doué d'une mémoire exceptionnelle et d'une rapidité d'esprit peu habituelle. Cela aurait été une bénédiction, par exemple, que son éducation coûteuse lui ait enseigné de répondre aux lettres qu'il recevait.

Avant qu'il ne parte pour l'école, précepteurs et gouvernantes avaient rangé Porchester dans la catégorie des paresseux. Et il est probable qu'il n'était pas aisé de capter l'attention de ce jeune garçon remuant. Pourtant, selon les critères moins rigoureux des temps présents, il serait difficile de considérer comme retardataire un enfant de dix ans parfaitement bilingue — le français étant la langue utilisée pour converser avec sa mère et ses professeurs — qui savait manier l'allemand, avait de bonnes connaissances en grammaire latine, possédait les premiers éléments du grec et savait chanter d'une manière charmante au son d'un vieux piano désaccordé. Mais les étiquettes qu'on vous attache vous restent fatalement collées. Une fois décrété paresseux, c'est l'élève et non pas le maître qui porte la faute. Il est possible aussi que la réputation d'érudit du père ait handicapé le fils. C'est l'une des petites ironies de la vie, qui devrait faire réfléchir nombre de maîtres d'école, que l'homme destiné à dévoiler tout un chapitre de l'histoire ancienne, détestât franchement les classiques tels qu'on les enseignait à Eton.

Le quatrième comte était trop fin pour obliger son fils à poursuivre des études promises à l'échec. Porchester quitta donc très tôt Eton pour étudier et voyager sous l'égide d'un précepteur. Le travail, accompli dans le petit laboratoire sur les bords du lac de Highclere ou lors de promenades dans la Forêt-Noire, ne devait pas être très pénible. Mais ces années de voyage le laissèrent en possession d'un stock d'informations diverses, peu familières à l'écolier moyen et d'un intérêt très stimulant. Il passa également quelques mois à Embleton, sous la tutelle du futur évêque de Londres, le Dr Creighton, auquel il resta très attaché. La phase suivante consista à travailler avec des répétiteurs en Angleterre et à Hanovre en vue d'entrer dans l'armée. Mais le projet d'une carrière militaire fut vite abandonné. Et, en 1885, lord Porchester fut inscrit au Trinity College de Cambridge. Là, frappé par la beauté des boiseries du College, il offrit aux autorités de faire gratter les multiples couches de peinture qui défiguraient les panneaux et de les restaurer à ses propres frais — offre qui, malheureusement, fut repoussée. La manie de la collection n'était pas encore aussi répandue qu'elle ne l'est aujourd'hui ; mais l'étudiant faisait déjà penser à l'homme que les antiquaires de Londres prendraient plus tard pour arbitre. C'est d'ailleurs bien avant Cambridge qu'il commença à fréquenter les brocanteurs. Tout jeune, outre l'inévitable album de timbres et un serpent — ce dernier abrité pendant tout un trimestre dans son bureau, à Eton — il possédait une petite collection de tasses et de porcelaine qu'il s'empressait d'enrichir dès qu'il avait quelque argent. Il était encore à Cambridge quand il entreprit de collectionner gravures et dessins français, notamment les dessins de Rops, à présent estimés des connaisseurs et qu'il achetait alors pour quelques francs.

Néanmoins, à cette époque, c'était le sport plus que les antiquités qui intéressait le jeune homme, et on peut supposer qu'on le voyait plus souvent à Newmarket qu'aux cours magistraux. Son père venait alors de faire construire une villa sur la riviera italienne, à Porto Fino, un promontoire solitaire, qu'on ne pouvait atteindre que par bateau, une crevasse profonde barrant la route qui menait au petit port. Porchester s'acheta donc un voilier et devint un passionné de la mer. La Méditerranée n'est pas toujours le lac serein que dépeint l'imagination nordique. Et Lerici, proche de Porto Fino, évoquant le tragique souvenir de Shelley, était là pour rappeler au marin les risques qu'il court s'il néglige d'amener la voile lorsqu'un coup de vent soudain souffle de la terre. Ces bourrasques menacèrent plus d'une fois la vie du jeune « milord », les marins italiens ayant l'ennuyeuse habitude, dans ces moments-là, de tomber à genoux pour invoquer la Madone, laissant Porchester et son impassible serviteur anglais se débrouiller tous seuls.

Ce sont sans doute les périls bravés à ces occasions qui donnèrent à Porchester l'amour de la navigation. Lorsqu'il quitta Cambridge, en 1887, il s'embarqua aussitôt sur un yacht pour faire une croisière autour du monde, et l'on peut dire qu'à partir de ce moment-là, l'attrait de l'aventure ne cessa jamais de s'exercer sur lui. De Vigo, il partit pour le Cap Vert, les Antilles, fit escale à Pernambouc, pour atteindre Rio, après quarante-deux jours passés dans la solitude des mers tropicales. C'est au cours de ce voyage qu'il acquit la passion de la lecture, qui devait devenir primordiale dans son existence. Aussi passionné qu'il fût de sport et d'automobile, il avait coutume de dire qu'il resterait volontiers assis dans son fauteuil si seulement, lorsqu'il avait terminé un livre intéressant, un autre lui tombait entre les mains. Le rideau tiré sur ses études académiques, l'étudiant paresseux se lança, avec avidité, à la poursuite de la connaissance, en particulier de l'histoire, dont il étudia certaines périodes avec la méticulosité d'un professeur préparant ses cours.

La vie sur l'*Aphrodite* n'était pourtant pas uniquement consacrée à la lecture. Lors d'une tempête, le capitaine gisant inconscient, terrassé par la fièvre, Porchester dut prendre le commandement. La chance, ainsi qu'un solide quartier-maître, lui permirent d'amener le bateau à bon port. Une autre fois, un des membres de l'équipage se blessa gravement et le médecin du bord fut obligé de l'opérer. Ce fut Porchester qui, le doigt sur le pouls de l'homme, lui administra le chloroforme, avec le calme et l'efficacité d'un anesthésiste professionnel. A Buenos Aires, alors au sommet de sa prospérité, quand la ville pouvait offrir tous les soirs à ses millionnaires deux spectacles de l'opéra italien, le jeune Anglais lia connaissance avec toutes les classes de la communauté, autochtone aussi bien qu'étrangère. Il organisa une fête en l'honneur du président à bord de l'*Aphrodite* — le premier yacht à jeter l'ancre dans les eaux argentines — et se lia également d'amitié avec des hommes d'affaires, l'amiral de la flotte britannique et les chanteurs de l'opéra italien. Il tirait gloire de ce que cette compagnie lui ait demandé, lors d'une répétition, de remplacer son pianiste manquant. Il ajoutait aussitôt — car il adorait se moquer de lui-même — que l'offre ne se répéta jamais, vu son insistance à suivre son propre rythme plutôt que celui des chanteurs.

De toutes ces relations et amitiés, la plus précieuse fut

sans conteste celle de l'amiral Kennedy, puisque c'est grâce à ses vigoureuses remontrances que Porchester abandonna l'idée de franchir le détroit de Magellan, ce qui, à cette époque de l'année, sur un bateau à voiles, équivalait tout simplement à un suicide. Porchester ne put donc effectuer le tour du monde complet dont il avait rêvé, mais le voyage s'était révélé riche en expériences de toutes sortes pour le jeune homme sorti tout droit du collège.

De Buenos Aires, Porchester regagna l'Angleterre sans se presser. Plusieurs des pays qu'il visita lui étaient parfaitement inconnus et restent encore peu familiers au touriste moyen. Pendant la Grande Guerre, il fut l'une des rares personnes capable de donner une description de première main de la scène où se déroula la bataille des Falkland. Il avait d'ailleurs prédit que c'était là qu'aurait lieu le combat pour le contrôle de l'Atlantique sud.

De ces premiers voyages, il rapporta beaucoup plus, cependant, que des visions de scènes exotiques ou que des données sur la variété de l'espèce humaine. Il eut aussi un aperçu des conditions élémentaires de la vie, lorsque l'homme a besoin de ses mains pour survivre. Bibliophile, collectionneur de porcelaine et de dessins, comme de toutes choses rares et belles, le goût affiné par l'observation et l'étude, c'est pourtant lorsque l'aventure inattendue exigeait une prompte décision et une action rapide qu'il était le plus heureux. Mais il n'avait rien d'un Don Quichotte. Son courage était tout empreint de sang-froid ; il était de ceux pour qui le danger précipite agréablement les battements du pouls.

Un jour que le jeune homme avait loué une barque pour rallier son bateau, ancré à quelque distance du port, les deux vigoureux marins qui la manœuvraient lui offrirent le choix entre la bourse et la vie. Il les écouta calmement et leur fit signe de lui passer son bagage. Ils obéirent, croyant déjà palper l'argent du « lord » anglais. Il leur fallut déchanter lorsqu'il sortit de son sac non pas un portefeuille bien garni mais un revolver qu'il pointa sur eux.

La vérité oblige à dire qu'il ne se sortait pas toujours aussi triomphalement de ses aventures. Le voyage suivant le conduisit en Afrique du Sud. Il écrivit de Durban en annonçant son intention d'aller à la chasse aux éléphants. Accompagné d'un seul Noir, il se mit à l'affût dans la jungle. Lorsque la bête apparut, Porchester, pourtant excellent fusil, la manqua. Au bout d'un moment, ne voyant plus sa proie, il se laissa glisser de l'arbre où il s'était perché et se prépara à rentrer chez lui. Pour cela, il devait traverser une clairière qui coupait la forêt en deux. Il était au beau milieu de ce terrain, à découvert, lorsqu'il s'aperçut que l'éléphant le poursuivait. Voyant qu'il n'avait pas le temps de recharger son arme, il lâcha fusil, cartouchière, veste et lunettes, et prit ses jambes à son cou. Ayant réussi à atteindre la jungle hospitalière, il se réfugia sur un arbre. Il apprit par la suite qu'être poursuivi par un éléphant et en réchapper était un exploit beaucoup plus inhabituel que d'en abattre un. Il devint l'un des six meilleurs fusils d'Angleterre, mais n'alla plus jamais à la chasse aux éléphants.

Le voyage en Afrique du Sud fut suivi d'un autre en Australie et au Japon, d'où Porchester revint au début de l'été 1890, juste à temps pour assister aux derniers moments de son père.

Le nouveau lord n'avait que vingt-trois ans lorsqu'il

entra en possession de son héritage. Sa passion pour le sport le retenait à Highclere et Bretby durant la saison de la chasse, et son amour de l'Opéra quelques semaines à Londres en été, mais son goût du voyage ne se démentit pas. Il partait brusquement pour Paris, Constantinople, la Suède, l'Italie ou Berlin, pour de courtes ou de longues périodes, retournant tout aussi inopinément chez lui, chargé d'images et de livres, s'étant fait d'autres relations et amis. A cette époque, toutefois, il ne se montrait pas particulièrement communicatif. Il préférait de beaucoup les allusions du genre « quand j'ai rencontré le chef de la Mafia à Naples », qui excitaient la curiosité de ses auditeurs, lesquels auraient bien voulu savoir comment il avait fait la connaissance de ce potentat.

Son sens de l'humour le rendit plus explicite à propos de ses efforts pour se faire présenter à une autre figure aussi sinistre — le Sultan, Abdul « le damné ». Carnarvon voulut le rencontrer lors d'une de ses visites à Constantinople. Comme il n'avait pas d'uniforme (les vêtements n'ayant jamais été son point fort) il entreprit de coudre quelques boutons de cuivre supplémentaires sur une veste de yachtman, en espérant que cet attirail serait à la hauteur du ministère de Chamberlain. L'Ambassade ayant transmis sa requête, on l'informa qu'un officier et une voiture le conduiraient au palais. Le jour dit l'officier fit son apparition, visiblement embarrassé. Il expliqua que Sa Majesté était profondément désolée, mais qu'elle n'était pas en état de recevoir Monsieur le Comte. « Une autre fois peut-être ? — Non, le Sultan craignait bien qu'aucun autre jour ne soit disponible, mais en signe d'estime, il priait lord Carnarvon d'accepter cette décoration. » Carnarvon refusa la décoration, qu'il n'aurait certainement jamais portée, et se retrouva seul, aussi vexé que stupéfait. Il lui fallut quelque temps pour comprendre ce qui s'était passé.

Son père, le quatrième comte de Carnarvon, avait visité la Turquie et en avait retiré une profonde horreur de la manière dont ce malheureux pays était gouverné en même temps qu'une sympathie profonde pour les minorités chrétiennes persécutées. Ce qui l'amena à devenir président de la Société pour la protection des Arméniens. Abdul le savait mais ni lui ni ses ministres ne s'étaient avisés que ce lord Carnarvon était mort et que le lord anglais qui avait demandé audience était un jeune homme, portant son nom, mais n'ayant pas hérité de ses opinions. Abdul vivait dans la crainte perpétuelle d'être assassiné. Il était persuadé que lord Carnarvon avait demandé un entretien dans le but de le tuer et il avait refusé de voir ce desperado. Ceux qui aiment l'histoire aiment à rencontrer en chair et en os ceux qui la font, pour le bien comme pour le mal. C'est pourquoi Carnarvon fut vraiment désappointé de ne pouvoir rencontrer l'un des personnages à la fois les plus capables et les plus sinistres de son époque. Mais l'idée qu'on puisse considérer son père comme un meurtrier potentiel était trop risible pour ne pas l'emporter sur la vexation, et c'est le plus souvent en riant qu'il évoquait cette anecdote.

Plus tard, lorsqu'il vécut en leur compagnie, le « lord » ou « lordy » comme l'appelaient les Egyptiens, parvint à établir d'excellents contacts avec les Orientaux de toutes classes, du pacha au fellah — meilleurs, peut-être, qu'aucun autre Occidental. Il possédait, en fait, un charme indéniable qui, lorsqu'il choisissait de l'exercer, lui valait la confiance des hommes et des femmes du monde entier.

L'exemple suivant illustrera le mélange de sagacité et de légèreté qui composait son caractère.

En chemin pour la Californie, il s'arrêta à New York, ayant promis à un ami d'essayer d'obtenir des informations concernant une certaine entreprise commerciale. La manière dont il recueillit ces informations fut pour le moins originale. C'est, en effet, auprès de son coiffeur qu'il s'enquit de l'identité de la personne qu'il lui fallait voir. Le coiffeur ayant, miraculeusement, pu le renseigner, lord Carnarvon envoya un mot au financier en question pour obtenir un entretien. Il fut reçu par un authentique capitaine de l'industrie, aux yeux perçants, à la bouche dure, qui dut admirer la candeur de cet étrange Anglais arrivant dans son bureau pour lui demander des conseils. Le magnat écouta courtoisement sa requête et lui conseilla sans ambage de ne pas acheter. Carnarvon le remercia et se rendit droit à la poste pour télégraphier d'acheter sur-le-champ. Puis, il se rendit en Californie pour se livrer aux plaisirs de la pêche au tarpon. Quand il revint, six semaines plus tard, à New York, les actions avaient considérablement monté, à la grande joie de son ami londonien. Carnarvon demanda alors un autre entretien avec le financier, qui le reçut de nouveau fort civilement. Cette fois, Carnarvon lui expliqua qu'il ne voulait pas quitter l'Amérique sans le remercier de ses conseils, qui s'étaient révélés si profitables qu'ils lui avaient permis de payer les frais de ce coûteux voyage. « Mais, lord Carnarvon, s'exclama alors le magnat, je vous ai conseillé de ne pas acheter ! — Oh ! oui, je sais. Mais, naturellement, j'ai bien vu que vous vouliez que je comprenne le contraire. » Il y eut un moment de silence, puis le financier éclata de rire, tendit la main et dit : « Considérez que ma maison est la vôtre, à votre prochain voyage aux Etats-Unis. » « Et ce capitaine d'industrie était la personne la plus intéressante que vous ayez rencontrée là-bas ?, demanda son auditeur. — Oh, Dieu non ! répondit Carnarvon, l'homme le plus intéressant que j'aie rencontré, et de loin, c'était le garde-frein dans le train, en Californie. »

En 1894, lord Carnarvon affréta le yacht à vapeur, *Catarina* et, en compagnie de son ami le prince Victor Duleep Singh, repartit pour l'Amérique du Sud. A son retour, pendant l'été 1895, à l'âge de vingt-neuf ans il épousa Miss Almina Wombwell. Le mariage fut célébré à St. Margaret's, Westminster. Le déjeuner eut lieu à Lansdowne House. Tout fut somptueux. La jeune mariée aurait pu poser comme modèle pour Greuze, et la singulière distinction du jeune époux était loin de déparer la cérémonie. On l'avait persuadé de porter un habit pour l'occasion. Mais lorsqu'ils arrivèrent à Highclere, sous les acclamations de toute la maisonnée, alors que la jeune mariée portait une robe de gaze rose étoilée d'émeraudes et de diamants, lord Carnarvon s'empressa de remettre son vieux chapeau de paille et sa veste de serge bleue favorite, qui la vieille gouvernante avait reprisée le matin même, à sa grande réprobation.

Pendant les huit ou dix années suivantes, le couple vécut l'existence normale de jeunes gens auxquels la fortune n'a rien refusé. En 1898, à leur grande joie, un fils, Henry, lord Porchester, leur naquit, suivi en 1901 d'une fille, Evelyn, destinée à devenir la plus grande amie de son père et sa compagne dans son dernier voyage.

Vers 1890, lord Carnarvon se lança dans les courses

de chevaux, avec toute la passion qu'il mettait dans chacune de ses entreprises. Il s'absorba totalement dans l'administration de son écurie, qui fit merveille. Il remporta plusieurs grandes courses et devint membre du Jockey Club.

Excellent fusil, passionné de courses de chevaux, collectionneur particulièrement bien inspiré — son catalogue de livres rares imprimé par ses soins est un modèle du genre — lord Carnarvon fut aussi un pionnier de l'automobile. Il avait acheté des voitures en France avant que l'usage s'en répande en Angleterre. En fait, dès que le décret stipulant que tout véhicule à moteur devait être précédé sur la route d'un homme porteur d'un drapeau rouge, il acheta la troisième voiture enregistrée en Angleterre. Ce nouveau sport avait tout pour lui plaire, et il devint rapidement un excellent conducteur.

Malgré sa réputation de témérité, Carnarvon était, en réalité, trop pondéré et trop raisonnable pour courtiser le danger. Quand on lui reprocha de prendre trop de risques, il répondit : « Vous me prenez pour un idiot ? Dans le sport automobile, ce sont les tournants qui sont dangereux. Et je ne prends jamais un tournant vite. » C'était probablement vrai, mais « il suffit d'un grain de sable pour enrayer la machine », et ce fut sur une route parfaitement droite qu'il eut l'accident qui devait affecter toute sa vie.

Ce fut lors d'un voyage en Allemagne que la catastrophe se produisit. Carnarvon, en compagnie de son chauffeur, Edward Trotman, qui était de toutes ses expéditions depuis vingt-huit ans, roulait depuis plusieurs kilomètres sur une route déserte, en direction de Schwalbach, où lady Carnarvon les attendait. La route s'étendait devant eux lorsque, soudain, au détour d'une crête, ils rencontrèrent une piste qui la coupait, si profonde qu'on ne la voyait pas à vingt mètres, et sur laquelle se trouvaient deux chars à bœuf. Carnarvon fit la seule chose possible. Afin d'éviter les charrettes, il donna un coup de volant pour monter sur le talus. Mais la roue accrocha des pierres, deux pneus éclatèrent et la voiture se retourna sur le conducteur, tandis que Trotman était éjecté à quelques mètres de là. Heureusement l'épais manteau de ce dernier le protégea dans sa chute et il se précipita au secours de son maître. La voiture était tombée de biais dans un fossé. Si elle avait capoté sur la route, Carnarvon aurait été écrasé, au lieu de s'enfoncer la tête la première dans la boue. Avec l'énergie du désespoir, Trotman réussit à pousser la voiture et à dégager Carnarvon, inconscient, qui semblait même avoir cessé de respirer. Les paysans qui conduisaient les charrettes, se sachant en faute, avaient décampé, mais Trotman aperçut quelques travailleurs dans le champ voisin, et vit qu'ils avaient un bidon d'eau. Il saisit le bidon qu'il renversa sur le visage de lord Carnarvon. Le choc fit repartir le cœur au moment même où les laboureurs, à la poursuite de leur bidon d'eau, arrivaient sur les lieux. Le terrible spectacle et les gesticulations du chauffeur étaient assez explicites, et ils allèrent aussitôt chercher un médecin. Ce dernier trouva un corps brisé, souffrant évidemment d'une grave commotion, le visage déformé, les jambes grièvement brûlées, un poignet cassé, temporairement aveugle, la mâchoire fracassée, couvert de boue de la tête aux pieds. En fait, il était à peine vivant. Il reprit un instant conscience, le temps de demander : « Ai-je tué quelqu'un ? », puis s'évanouit de nouveau. C'est dans cet état qu'on le conduisit jusqu'à l'auberge la plus proche, où lady Carnarvon, qui le rejoignit presque aussitôt, convoqua médecins et chirurgiens à son chevet. Les premiers mots qu'il murmura, lorsqu'il put parler, furent : « Je ne crois pas avoir perdu mon sang-froid. » Mais il avait perdu sa santé. Rien ne fut épargné pour le soigner, mais il dut subir, pendant longtemps, de multiples opérations et lutter contre de dangereuses maladies. Il supporta tout cela avec courage, et sortit mûri plutôt qu'aigri de ces épreuves qui l'empêchaient de travailler et rétrécissaient le champ de ses ambitions. Il tombait parfois dans de longs silences, mais se plaignait rarement. Il fit preuve d'une volonté extraordinaire, soutenu par le sens de l'humour qui le caractérisa toute sa vie.

L'éclectisme de ses goûts lui fut d'un grand secours. Lorsque les maux de tête devenaient insupportables, il allait faire du golf. Quand il n'eut plus la force de jouer, il se mit à étudier la photographie et il devint bientôt un maître en la matière. En fait, selon les paroles d'un expert, « le travail de Carnarvon était connu dans toutes les parties du globe où la photographie d'art tenait une place honorable, et il n'est pas exagéré de dire que sa production était unique par ses qualités artistiques ». En 1916, il fut élu président du Camera Club, et apprécia cette distinction. Mais le plus grand plaisir que lui procura la reconnaissance de ses qualités dans ce domaine fut la convocation qu'il reçut pour aller au Front servir de conseiller au Royal Headquarters Flying Corps dans le département de la photographie aérienne. Les trois jours qu'il passa à Saint-André contribuèrent un peu à le consoler de ne pas pouvoir se battre. A son retour en Angleterre, cependant, il paya cet effort d'une dure maladie.

Aussi fort qu'il luttât, il lui fallait bien renoncer à certaines choses. Les élections de 1905 et de 1910 l'intéressèrent profondément, ainsi que la controverse à la Chambre des Lords en 1911. Et il aurait probablement pris une part active à la vie politique, s'il n'avait pensé que sa blessure au palais et à la mâchoire l'handicaperait pour parler en public. Il exagérait sans doute ce désavantage, car, lorsqu'il fit sa conférence du Central Hall de Westminster, le 11 janvier 1923, tout le monde l'entendit clairement. Mais il n'aimait pas les choses mal faites, et sa crainte de n'être pas intelligible, ajoutée à ses nombreuses maladies, enterra ses espoirs d'entrer dans la vie publique. Nombre de ses amis regrettèrent cette décision. « Lord Carnarvon, a pu écrire sir William Garstin, faisait preuve d'un intérêt profond pour toutes les questions liées à la politique anglaise, mais c'était la politique étrangère qui le fascinait le plus. Ses voyages, aussi bien que ses études, lui permettaient d'avoir une compréhension de la politique mondiale assez extraordinaire en Angleterre. La politique du Proche-Orient l'attirait, peut-être, plus que toute autre. Ses fréquents voyages en Turquie et dans les Balkans, et le sentiment qu'il avait des liens qui attachent l'Angleterre à ces nations, lui avaient donné un intérêt personnel dans ce domaine. Il savait parler, et le faisait intelligemment, de tout ce qui concernait les relations de l'Angleterre et de l'Orient. »

La conséquence la plus immédiate de l'accident fut de l'obliger à passer l'hiver hors de l'Angleterre. Il avait en effet des difficultés respiratoires et une mauvaise bronchite pouvait être fatale. C'est ainsi qu'en 1903, il partit pour l'Egypte où « les fouilles » le fascinèrent aussitôt. Voici un fragment d'un texte inachevé, qui rend compte de ses premières impressions :

« Il avait toujours été dans mon désir et mon intention, dès 1889, de me mettre à prospecter, mais pour une raison ou pour une autre, je n'avais jamais mis mon projet à exécution. Cependant, en 1906, avec l'aide de sir William Garstin, qui était alors conseiller aux Travaux publics, je commençai à fouiller à Thèbes.

« Je dois dire qu'à cette époque, je n'avais pas la moindre expérience dans ce domaine, et je suppose que c'est pour m'empêcher de faire des blagues, aussi bien que pour me tenir occupé, qu'on m'alloua un site en haut de Sheik Abdel Gourna. Je n'étais pas au travail depuis vingt-quatre heures, que, soudain nous butâmes contre ce qui nous sembla à première vue, une syringe intacte. Ce qui provoqua énormément d'excitation au Département des Antiquités, qui s'apaisa dès qu'on découvrit que le tombeau n'était pas terminé. Pendant six semaines, enveloppé de nuages de poussière, je m'acharnai à longueur de journée. A part la découverte d'un chat momifié dans sa boîte, qui est à présent au musée du Caire, rien ne vint récompenser mon entreprise opiniâtre et poussiéreuse. Cependant, loin de me décourager, cet échec me donna encore plus d'ardeur au travail. »

Plus il peinait, plus il se rendait compte qu'il lui fallait faire appel à l'aide d'un expert. Il consulta donc sir Gaston Maspero, qui lui recommanda d'avoir recours à M. Howard Carter.

Le conseil de sir Gaston Maspero se révéla encore plus judicieux que lord Carnarvon ne l'avait imaginé. En M. Howard Carter, Carnarvon trouva non seulement un collaborateur précieux, un expert, un archéologue doué d'imagination et, comme il le disait, « un véritable artiste », mais encore un ami véritable. Pendant les seize années suivantes, les deux hommes travaillèrent ensemble avec des fortunes diverses, mais toujours unis, non pas tant par leur but commun, mais par leur respect et leur affection mutuels.

Le récit du travail conjoint de lord Carnarvon et de M. Carter a été publié dans un somptueux volume intitulé *Five Years' Exploration at Thebes*, qu'ils publièrent en 1912. C'est peut-être ici qu'il convient de citer la description faite par lord Carnarvon des premières fouilles effectuées par M. Howard Carter.

« Après environ dix jours de travail à Deir el-Bahari en 1907, écrit-il, nous mîmes à jour une tombe intacte. Je n'oublierai jamais la première vision que nous en eûmes. Quelque chose d'extraordinairement moderne s'en dégageait. Plusieurs sarcophages se trouvaient dans la tombe, mais celui qui arrêta notre attention fut un sarcophage blanc aux brillantes couleurs recouvert d'un voile, au pied duquel gisait une couronne de fleurs. Ces sarcophages étaient là depuis 2 500 ans. La raison pour laquelle la sépulture n'avait pas été violée nous apparut bientôt. Il n'y avait pas de mobilier funéraire et, apparemment, les défunts ou les parents, n'étant pas très riches, avaient mis toute leur fortune dans les sarcophages décorés qui devaient contenir les corps.

« J'offris l'un de ces sarcophages au musée de Newbury. Les résultats de cette saison n'étaient guère encourageants. Un jour, pourtant, nous pensâmes avoir trouvé une tombe intacte, à quelque quatre cents mètres du temple de Deir el-Bahari. Je me rendis sur les lieux le lendemain matin, et dès que j'aperçus le visage de Carter, je compris que nos espoirs étaient déçus. Hélas ! Ce qui semblait si prometteur le jour précédent n'était qu'une sorte d'étable où le contremaître égyptien mettait son âne et rangeait ses livres de compte. La vie du prospecteur est sans cesse ponctuée de ce genre de désillusions. C'est presque toujours l'inattendu qui se produit, et ce qu'on attend qui se révèle le plus souvent décevant. »

C'est en 1907 que lord Carnarvon commença à rassembler sa collection d'antiquités égyptiennes, aujourd'hui célèbre. « Mon objectif, écrit-il, n'était pas simplement d'acheter tel objet parce qu'il est rare ou parce qu'il possède une valeur historique, mais parce qu'il est beau. Naturellement, lorsque les deux — beauté et intérêt historique — sont réunis en un seul objet, le plaisir de possession en est doublé. » Le témoignage de sir Edward Budge confirme l'opinion de lord Carnarvon. « Il ne voulait que le meilleur, dit sir Ernest, et rien d'autre ne pouvait le satisfaire. Encore persistait-il toujours à croire qu'il y avait mieux ailleurs. Il fit de la quête de la beauté dans le dessin, la forme et la couleur de l'art égyptien un véritable culte. Son goût était sans défaut et son instinct de l'authenticité infaillible. L'argent n'avait alors aucune valeur pour lui, et il avait coutume de dire, avec sir Henry Rawlinson, qu' « il est plus facile d'obtenir de l'argent que de belles antiquités ».

De toutes les restrictions que sa mauvaise santé lui imposait, celle qui lui coûta le plus fut de ne pas participer à la guerre. Bien qu'il ait dépassé l'âge de la conscription, sa parfaite connaissance de la langue et de la mentalité françaises en aurait fait un excellent officier de liaison. En vérité, il entretint, un moment, l'espoir d'accompagner au Front son ami le général sir John Maxwell, mais comme il souffrait à ce moment-là d'intolérables douleurs dues à une secousse subie dans un taxi, il lui fallut se contenter du travail qu'il pouvait faire chez lui. Néanmoins, lorsque son frère, Aubrey Herbert, auquel il portait une affection particulière, fut blessé et porté disparu pendant la retraite de Mons, il était prêt à aller à sa recherche. On apprit finalement qu'Aubrey avait réussi à s'échapper. Dans la dernière phase de la guerre, se lancer dans une telle aventure aurait été impensable, mais à cette période, immédiatement après la victoire de la Marne, et avant la guerre des tranchées, il n'est pas impossible de penser que les ressources et le sang-froid de lord Carnarvon auraient obtenu des résultats positifs.

Une semaine avant la déclaration de la guerre, persuadé qu'elle était imminente et pensant que le manque de vivres constituerait le premier danger il avait dressé des plans pour pouvoir nourrir la population qui vivait sur ses propriétés. La beauté de la chose résidait dans le fait que cela n'impliquait pas le pillage systématique des boutiques. Les pommes de terre restaient dans les champs, le blé dans les granges, mais tout était calculé pour que, le moment venu, la distribution se fasse sans problème entre les deux cent cinquante-trois personnes dont il se sentait responsable. En fait, il avait anticipé la date de ce péril particulier et, prompt à comprendre ses erreurs, il tourna vite son énergie vers d'autres secteurs.

Dès le début de la guerre, lord et lady Carnarvon avaient transformé Highclere en un hôpital pour officiers, qui fut transféré, par la suite, au 38 Bryanton Square. On y entourait les blessés de soins et d'attentions efficaces. Quand lady Carnarvon eut transféré son hôpital à Londres, Carnarvon s'occupa, entre autres choses, de convertir les pâtures de Highclere en terres arables. Alors qu'il était seul, lors d'une de ses visites périodiques à Highclere, il eut une crise d'appendicite aiguë. Lady Carnarvon, accompagnée de chirurgiens et de médecins, se précipita à son secours et le fit conduire à l'hôpital de Londres où on l'opéra d'urgence. L'alerte avait été chaude. Sir Berkeley Moynihan, le grand chirurgien, appelé de Leeds pour l'occasion, confia lui-même qu'il ne lui avait donné que trois quarts d'heure à vivre.

Deux ans plus tard, il eut à subir une autre opération, dont il se remit une fois de plus. Entre-temps, la guerre avait pris fin et son fils qui avait pris part à la campagne de Mésopotamie, revint chez lui. Ce fut un soulagement indicible pour Carnarvon.

Même pendant la guerre, lord Carnarvon tenta de se rendre en Egypte. En fait, s'il n'avait pas été retenu par une mauvaise pleurésie, qui, au dernier moment, l'empêcha de quitter l'Angleterre, il serait arrivé au Caire le jour même où les Turcs prirent le canal. Dès que l'armistice fut signé, il prit ses dispositions pour rejoindre M. Carter qui, lorsque son travail aux quartiers généraux du Caire le lui avait permis, avait commencé les premières prospections dans la Vallée des Rois. Les voyages n'étaient pas chose aisée en 1919. Carnarvon obtint avec difficulté des cabines sur un bateau pourvu de pare-mines, pour éviter le désastre qui était arrivé à un navire français. En fait, les mines étaient moins dangereuses que les conditions sanitaires du bâtiment, qui avait servi au transport des troupes pendant la guerre et n'avait pas été désinfecté. Et, malgré la brièveté du voyage, on eut à déplorer quelques morts. La traversée commencée sous de si mauvais auspices, ne s'améliora guère avec le temps. L'Egypte vivait une période troublée. Le désir de Carnarvon d'explorer le Fayoum ramena heureusement plus tôt que prévu la famille au Caire. Tout était arrangé pour l'expédition, l'heure du départ fixée, lorsque, la veille, Carnarvon reçut des rapports si inquiétants sur la situation dans les provinces qu'il décida d'ajourner le voyage. Bien lui en prit, puisque le jour suivant, les troubles gagnèrent le Fayoum et, en peu de temps, comme il l'écrivit lui-même, « le pays était en proie à l'anarchie ». « Néanmoins, poursuit-il, je parvins à envoyer ma famille à Port-Saïd, et je me rappelle combien je fus soulagé de recevoir un télégramme m'annonçant qu'ils avaient embarqué sans problèmes. »

Quant à lui, il resta quelque temps au Caire, en partie dans l'espoir de se livrer à quelques fouilles, mais aussi parce que la situation l'intéressait vraiment. Comme le remarque sir William Garstin, « ce fut l'intérêt que Carnarvon portait à l'égyptologie qui l'attira d'abord en Egypte. Mais la politique nationale eut tôt fait de l'absorber. Il portait une grande estime aux Egyptiens, en particulier à ceux qui essayaient de faire du pays une véritable nation, et cette estime était réciproque. Peu d'Anglais ont été aussi aimés en Egypte, et le chagrin témoigné à sa mort fut général et sincère. »

A mesure que les jours passaient, il devint cependant évident qu'il était hors de question de prospecter durant cette saison. Comme on avait besoin de lui en Angleterre, Carnarvon se décida à partir. Ce n'était pas facile, et il était prêt à affréter un bateau à voiles, lorsqu'il obtint une place sur une ligne régulière. Lord Carnarvon devait encore faire quelques séjours en Egypte. Après son opération, en 1919, alors qu'il était encore en convalescence, il insista pour partir pour Louxor à la saison habituelle et, là, recouvra sa santé et ses forces.

La description de la tombe de Toutankhamon et de sa découverte n'entre pas dans le cadre de cette biographie, qui concerne l'homme plus que l'archéologue. Carnarvon n'a jamais été un fanatique de l'auto-analyse et, bien qu'il se livrât à de magnifiques descriptions des objets de la tombe, les mots lui manquaient pour exprimer l'effet que cette découverte eut sur lui. Il assura simplement son auditoire que « c'était un moment très excitant » ! Et cette excitation ne s'évanouit pas, contrairement à ce qui arrive le plus souvent, à mesure que le temps passait, ni pour le public, ni pour lui. Pourtant, lorsqu'on ferma la tombe pour la saison, lord Carnarvon était très fatigué. Un moustique le piqua ; la blessure s'infecta. Et malgré les vaillants efforts de sa femme, de sa fille, des médecins et des infirmières, c'était un combat perdu d'avance. Tout au long de ces trois longues semaines de peines et de souffrances, il resta égal à lui-même. Les lecteurs de ses bulletins de santé se rappellent peut-être que les plus sinistres assuraient, cependant, que le moral du patient était bon. Mais Carnarvon ne se faisait pas d'illusions. « J'ai entendu l'appel, dit-il à un ami. Je me prépare. » Et le 5 avril 1923, il mourut.

Dans son testament, il exprimait le désir d'être enterré à Beacon Hill. Ce fut donc au sommet de cette colline surplombant le domaine qu'il avait si passionnément aimé, qu'on l'ensevelit. Seuls, les êtres les plus proches et les plus chers, ainsi que quelques paysans et serviteurs, dont beaucoup avaient vieilli à son service, se tenaient autour de la tombe. Il n'y eut ni orgue, ni musique, ni chants. Les paroles confiant « notre cher frère à la terre dans l'espérance » avaient quelque chose de la grandeur sévère des cérémonies en mer. Mais le ciel printanier retentissait du chant des alouettes. Elles chantaient avec une ardeur et une passion que ceux qui les ont entendues n'oublieront jamais.

Winifred BURGHCLERE
« Le Lac ».
Highclere
17 septembre 1923

TABLE

CHEZ LE MÊME ÉDITEUR

Impression réalisée sur CAMERON par

BUSSIÈRE CAMEDAN IMPRIMERIES

GROUPE CPI

à Saint-Amand-Montrond (Cher)
pour le compte de Pygmalion
Département des Éditions Flammarion
en septembre 2004

N° d'Édition : 347. N° d'Impression : 043863/1.
Dépôt légal : janvier 1990.

Imprimé en France